ROADBOOK NO. 1

Stephan Fennel

ROUTE DES GRANDES ALPES

UNTERWEGS AUF FRANKREICHS HOCHALPENSTRASSE

MTM
MOTOURMEDIA

ROADBOOK NO. 1 · ROUTE DES GRANDES ALPES

Der Bestseller bei Amazon, im Handel und auf Tourershop24.de

GRATIS GPS-DOWNLOAD

www.alpentourer.de/gps/gps-roadbook-rdga

Kartenlegende

- Startort Etappe
- Zielort Etappe
- Start- und Zielort Rundtour
- Nationalpark; Naturpark
- Pass
- Sehenswürdigkeit
- Gipfel

ROADBOOK – ROUTE DES GRANDES ALPES – UNTERWEGS AUF FRANKREICHS HOCHALPENSTRASSE
Eine Produktion von MoTourMedia e.K.
Hastener Straße 140 · 42349 Wuppertal
T +49 (0)2 02 94 60 02 26
service@motourmedia.de

Verlagsshop
www.tourershop24.de

1. Auflage mit Korrekturen · Druck 06
 · ISBN 978-3-939997-51-1

Kartenbasis
© 123map; Daten: OpenStreetMap; Lizenz ODbL 1.0

Layout | Routen-Kartographie
Stephan Fennel; Andrea Hiller

Text & Bild
Stephan Fennel · Snežana Šimičić

Weitere Fotos
AdobeStock #381457965 (30); Archiv ALPENTOURER (Titel unten, 24, 67, 68, 95, 102, 119); Hans Michael Engelke (26, 34, 44, 46, 56, 62, 72, 77, 79, 86, 91, 92, 93, 104, 111, 114); U. Harreiner (43); W. Henne (37); M. Mahler (101); iStock/RCerruti (116); SMBT (69); T. Toews (84).

Wikimedia Commons
CC BY-4.0-DE: Friedli (15); Pline (22, 40); Anthospace (28, 29); Jesper Bøtker-Mortensen (31); Zairon (32); JPChevreau (50, 109); Krzysztof Golik (58, 59, 60); Charlie Fernando (110). *CC BY-3.0-DE:* Patano (Titel oben); Mossot (38, 39); Radig (41); Rene Boulay (42); Mykola Berkash (55); Tournasol (74); Patrick Rouzet (99, 108); Latreille (121); Jörg Sancho Pernas (125). *CC BY-2.0-DE:* Robbie Shade (Titel Mitte, 101); Helene (27). *CC BY-1.0-DE:* Laffrey (120).

Gemeinfrei (CC0): Titel unten Mitte, 10, 12, 13, 14, 16, 17, 18, 19, 20, 21, 23, 33, 35, 47, 49, 51, 63, 76, 100, 118.

Immer hoch hinaus

Vergiss die Route 66, willkommen auf Europas Straße der Sehnsucht – der Route des Grandes Alpes. Die französische Hochalpenstraße gehört zu den ultimativen Zielen für mobile Reisende in den Alpen.

Stephan Fennel

Als ich von meiner ersten Reise über die Route des Grandes Alpes zurückkehrte, wusste ich bereits: Das musst du nochmal machen. Aber anders. Besser vorbereitet. Denn genau das war mir vor langer Zeit passiert: Ich war einfach viel zu blauäugig drauflosgefahren. Anfängerfehler.

Ich hatte genau das falsch gemacht, wovor ich seither jeden warne. Es war ein Juli gewesen, als ich zu meiner Jungfernfahrt aufbrach. Damals wie heute war ich kein Fan des Radsports. Und so hatte ich schlicht übersehen, dass die Tour de France wie jedes Jahr wieder einige Alpenetappen in ihrem Programm hatte. Also herrschte Ausnahmezustand auf dieser ansonsten so beschaulich ruhigen Strecke.

Schon einige Tage vor dem eigentlichen Tross der Radler und Tageszuschauer tummeln sich tausende Fans entlang der anspruchsvollsten Punkte, um die besten Plätze zu ergattern. Wohnmobile parken die Straßenränder zu, Hobbyradler wollen schon mal „erfahren", was ihre Idole wenig später an steilen Anstiegen oder auf rasenden Abfahrten zeigen.

Wer derlei Ungemach vermeiden möchte, plant gewissenhaft. Denn diese Sehnsuchtsstraße über das Dach der französischen Alpen ist nur wenige Monate im Jahr durchgehend befahrbar. Und an einigen Tagen im Juli gehört sie den Radprofis. Den genauen Verlauf der jeweils aktuellen Etappen und die Termine findet man übrigens ganz einfach: auf **letour.fr** im Internet.

Nun war ich also schlauer, suchte mir ein anderes Zeitfenster, achtete darauf, dass auch die Pässe alle geöffnet waren. Das kann übrigens schon mal erst Ende Juni, Anfang Juli der Fall sein. Weil sie vielerorts nur lokale oder touristische Bedeutung haben, werden die höchsten Pässe der RDGA nicht geräumt. Solche Infos findet man heutzutage auch sehr schnell, auf **alpenpaesse.de** etwa.

Spätestens nach der zweiten Tour hatten mich die französischen Alpen gepackt. Mir ging das Herz auf angesichts der eindrucksvollen Natur entlang des Wegs. Seither bin ich auf Frankreichs grandioser Alpenstraße immer mal wieder unterwegs, schnell, langsam, puristisch stur oder mit zahlreichen Abstechern. Und immer häufiger meinen Augen, meiner Nase, meinem Bauchgefühl folgend, um so auch die vielen interessanten Perlen abseits der eigentlichen Strecke zu suchen – und zu finden.

Die gibt es reichlich, natürlich abhängig davon, wie man reisen möchte. Etliche haben nun den Weg in dieses Buch gefunden. Aber das kann und soll nicht ersetzen, selbst mit wachem Geist und Auge über die RDGA zu reisen und dabei seine ganz eigenen Geschichten zu schreiben.

Interessante kleine Perlen gibt es reichlich abseits der Strecke.

Man kann diese Alpenstraße in zwei Tagen bezwingen. Man kann aber auch locker zwei Wochen entlang der knapp 700 Kilometer langen Route verbringen und sich Zeit nehmen für Nationalparks und Schlusstäler, Höhenflüge zu abgelegenen Almen, Wanderungen zu den letzten großen Gletschern und vieles mehr. Man kann jede Nacht woanders schlafen oder auch ein paar Tage hier, ein paar dort verbringen und von Basislagern aus zu Rundtouren starten, die tief in die Bergwelt führen.

Für all das liefert die Route des Grandes Alpes den Rahmen. Und genau dafür wurde sie gebaut!

Gut zu wissen

Für eine Reise mit Auto, Motorrad oder Wohnmobil gelten in Frankreich einige besondere Regelungen.

Neben den wichtigsten Hinweisen für besondere Verkehrsregeln haben wir im folgenden auch ein paar andere hilfreiche Tipps zusammengefasst.

Notrufnummern in Frankreich

Generell: 112 (Polizei: 17 | Feuerwehr: 18 | Rettungswagen: 19).

Kreisverkehr

Vorfahrt hat das in den Kreisverkehr einfahrende Fahrzeug (rechts-vor-links) – es sei denn, eine Beschilderung regelt es anders.

Autos & Motorräder

Auto- und Motorradfahrer müssen eine reflektierende Warnweste mit CE-Kennzeichnung mit sich führen, diese aber nur im Falle eines Unfalls oder einer Panne auch überstreifen. Dies gilt nicht für Mitfahrende. Motorradfahrer müssen die Weste also nicht grundsätzlich während der Fahrt tragen. Fahrradfahrer sind aber ebenfalls verpflichtet, eine Warnweste mitzuführen.

Motorradhelme müssen entweder der französischen Norm NF S72-305 oder der ECE-Regelung Nr. 22.04 bzw. 22.05 oder neu 22.06 entsprechen und mit reflektierenden Aufklebern/Markierungen versehen sein. Diese Regelung gilt auch für ausländische Verkehrsteilnehmer. Und: Sowohl Fahrende als auch Mitfahrende müssen in Frankreich CE-konforme Handschuhe tragen.

In Frankreich dürfen Fahranfänger in den ersten drei Jahren nach Führerscheinerwerb auf Landstraßen maximal 80 km/h, auf Schnellstraßen nur 100 km/h statt 110 km/h und auf Autobahnen nur 110 km/h fahren statt 130 km/h.

Wohnmobile

Wohnmobile über 3,5 t zGG müssen beidseitig und am Heck mit speziellen Warnhinweisen versehen werden, um Fußgänger und Zweiradfahrer vor der Gefahr des toten Winkels zu warnen. Die Verordnung schließt auch außerhalb Frankreichs zugelassene Fahrzeuge ein. Zudem gelten andere Höchstgeschwindigkeiten: 90 km/h auf Autobahnen, 80 km/h auf Landstraßen mit und ohne Mittelstreifentrennung.

Tempolimit & Promille

Ob auf Landstraßen 80 oder 90 km/h gefahren werden darf, kann jedes Département selbst entscheiden. Auf der RDGA gilt – wenn nicht anders ausgeschildert – Tempo 90. Zudem gibt es folgende Sonderregelung: Bei nasser Straße muss die Geschwindigkeit reduziert werden. Auf Landstraßen gilt dann Tempo 80 km/h und auf Autobahnen 110 km/h. Die Promillegrenze beträgt für alle Verkehrsteilnehmer 0,5 Promille für Fahranfänger 0,2 Promille.

Bußgelder

Wer sofort zahlt, reduziert sein Bußgeld. Wie hoch der Nachlass beim Bußgeld ausfällt, variiert je nach Ordnungswidrigkeit. Parkknöllchen können vor Ort im Tabakladen beglichen werden. Dort bekommt man auch eine Quittung dafür. Bei späterer Bezahlung wird es teurer.

Radarwarngeräte im einsatzbereiten Zustand sind verboten. Das gilt auch für Navigationsgeräte mit integrierter POI-Radarwarnfunktion. Dashcams hingegen sind erlaubt.

Tanken

Am günstigsten (stellenweise bis zu zehn Cent) sind oft die einer der großen Supermarktketten angeschlossenen Tankstellen sowie die 24h-Tankautomaten. Beide Anbieter nehmen kein Bargeld, sondern nur Debit- oder Kreditkarten an. Deutsche Bankkarten (Girocard) werden zumeist gar nicht akzeptiert. Hier ist es gut, wenn man in einer Gruppe fährt und so verschiedene Karten durchprobieren kann. In Regionen mit spärlicher Infrastruktur empfehlen wir, die Fahrzeuge häufiger und an personell besetzten Tankstellen zu füttern.

Super = SP95 (sans plomb: bleifrei)
Super Plus = SP98
Super E10 = E10 & SP95
Diesel = Gazole / Gasoil

Kartenzahlung

Die deutsche Girokarte (Bankkarte) wird in Frankreich nur dann akzeptiert, wenn sie über Zusatzfunktionen wie Maestro oder V-Pay verfügt. Kreditkarten, besonders Visa, sind das gängige Zahlungsmittel.

Bon appétit

Essen wie Gott in Frankreich – das gibt es auch an der RDGA. Mittags lässt sich mit günstigen Tellergerichten (plat du jour) oder Tagesmenüs (menu du jour) Geld sparen. Letztere schonen auch am Abend die Reisekasse, da Menüs zum Festpreis in Frankreich stets deutlich günstiger sind als eine Bestellung à la carte. Üblicherweise gibt es eine Karaffe mit Leitungswasser (carafe d'eau) kostenlos dazu. Wichtig ist aber, zur rechten Zeit zu kommen: Die meisten Restaurants sind mittags nach 14 Uhr geschlossen und machen erst am Abend wieder auf. ◄

Nationaler Kraftakt

Mit der Route des Grandes Alpes wollte Frankreich ein Zeichen setzen. Die Hochalpenstraße hatte allerdings einige nicht nur Natur gegebene Hindernisse zu überwinden, bis sie endlich vollendet war.

In ihren Anfängen glich eine Reise auf der Route des Grandes Alpes noch einem Abenteuer.

Thonon-les-Bains ist Ausgangspunkt der Route des Grandes Alpes.

Die Route des Grandes Alpes ist in all ihrer Pracht keine Erfindung des späten 20. Jahrhunderts, als der Tourismus bereits jeden noch so abgelegenen Flecken erobert hatte. Ihre Ursprünge liegen viel mehr über 100 Jahre zurück. Sie wurde von Beginn an als Touristenroute geplant, und zwar unter dem Namen „Route des Alpes" vom Touring Club de France (TCF) sowie der Eisenbahngesellschaft PLM (Paris-Lyon-Méditerranée).

Es ging zu Beginn weniger um individuelles Reisen, sondern vielmehr um die Möglichkeit, die Schönheit der französischen Alpen einem breiten Publikum zugänglich zu machen. Da die Bahngesellschaften jener Zeit – die Eisenbahn war ja auch gerade erst wenige Jahrzehnte alt – die notwendigen Investitionen in die schwierig anzulegenden Trassen durchs Hochgebirge nicht stemmen konnten, sollte die Routes des Alpes es vor allem Bussen ermöglichen, eine solvente Kundschaft von Savoyen ans Mittelmeer und zurückzubringen.

Dazu bedurfte es aber einiger Anstrengungen. Der Bau von befestigten Wegen, vor allem in den Bergen, wurde ursprünglich Ende des 19. Jahrhunderts vor allem von militärischen Überlegungen geleitet. Damals ging es darum, eine Nord-Süd-Achse zu schaffen, welche die einst vom berühmten Baumeister Vauban errichteten Festungen miteinander verbinden und die Grenze zu Italien sichern sollte. Zu dieser Zeit wurden der Col de Vars (1890) und der Col d'Izoard (1893 – 1897) eröffnet, um die Festung von Briançon mit dem Fort Tournoux über der Ubaye zu verbinden.

Motorisierter Verkehr steckte noch in den Kinderschuhen. Im Januar 1886 hatte Carl Benz seinen Motorwagen zum Patent angemeldet. Auch der erste von einem Verbrennungsmotor betriebene Omnibus kam aus seinem Unternehmen, der Benz & Cie. in Mannheim. 1895 wurde er vorgestellt. Da war es doch schon recht erstaunlich, dass sich ausgerechnet der Touring Club de France, der 1890 von Fahrradfahrern gegründet worden war, mit der Idee einer Route über die Alpen befasste. Sein eigentliches Ziel war nämlich „die Entwicklung des Fahrrads als zugängliche Freizeitbeschäftigung wie auch als Transportmittel“.

Touristische Passage

Doch bereits 1900 sagte François Arnaud, ein Kind aus Barcelonnette und dem Ubaye-Tal, über die Route des Alpes: „An dem Tag, an dem die Nationalstraße, die die Ubaye über den Col de la Cayolle mit dem Var verbindet, fertiggestellt sein wird, wird man von Nizza bis Savoyen über den Col de la Cayolle, den Col de Vars und den Col du Galibier, nahe der italienischen Grenze, eine befahrbare Straße haben, die die bevorzugte, ja fast obligatorische Passage des großen Tourismus sein wird.“

Noch waren das nur wilde Phantasien. Aber bereits 1904 war Léon Auscher, Vizepräsident des Komitees für Bergtourismus des Touring Club de France (TCF), einer der ersten, der an einem Projekt für eine Alpenstraße arbeitete: „Wenn es ein attraktives Projekt gibt, dann ist es eine große Alpenstraße, die nach dem Touring Club die direkte Nord-Süd-Verbindung zwischen Évian und Nizza, also

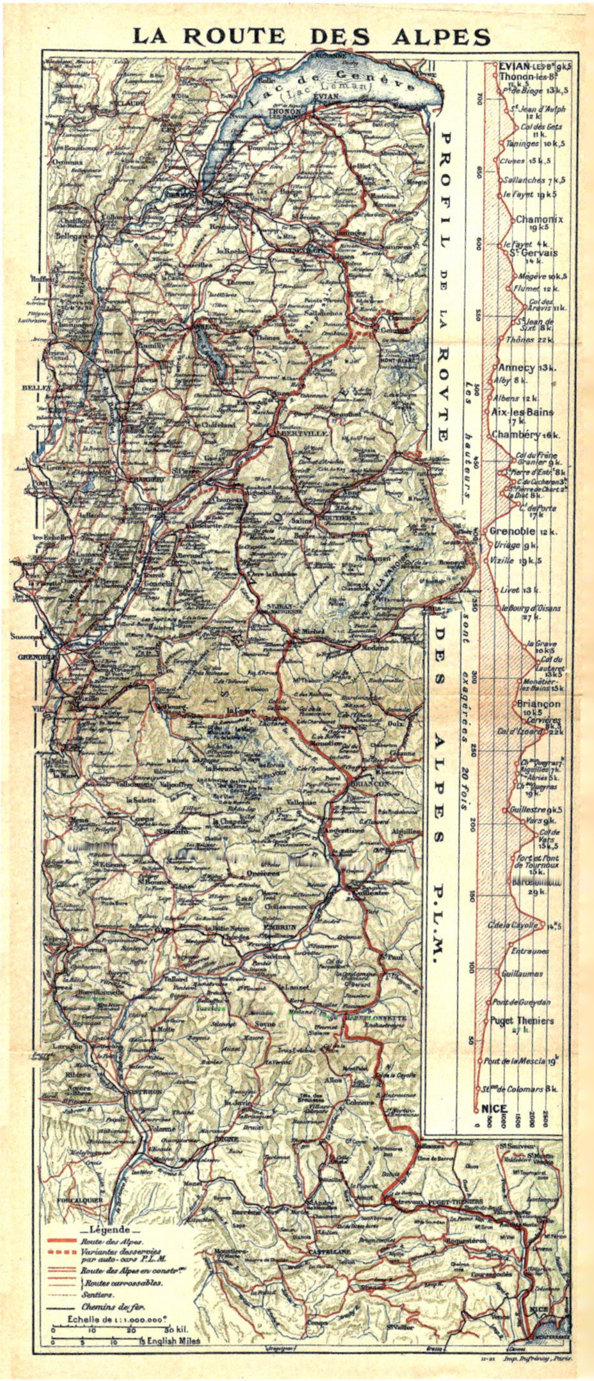

Geplante Streckenführung, noch als Route des Alpes.

Die Bergwelt, wie hier am Col du Lautaret, begeistert Besucher bis heute.

dem Genfer See und dem Mittelmeer, ermöglichen soll, was die jeweiligen Enden des französischen Teils der großen Alpenkette markiert."

Echte Sackgassen

Viele französische Alpentäler waren im Gegensatz zu denen in der Schweiz nicht miteinander verbunden und stellten echte Sackgassen dar, deren einziger Ausgang gen Italien führte, da sie früher zum Königreich Sardinien gehörten. Dazu zählten die größten savoyischen Täler, die Tarentaise und die Maurienne, die nur über weiträumige Umwege (Albertville und Saint-Michel-de-Maurienne) verbunden waren.

So liegen zwischen Val d'Isère und Bonneval gerade mal 25 Kilometer, aber über Albertville müssen 226 Kilometer zurückgelegt werden, möchte man die beiden Gemeinden auf einer befahrbaren Straße erreichen. Die geplante Route des Alpes sah daher vor, über den 2770 Meter hohen Col de l'Isèran zu fahren. Die Strecke wäre dann die höchste Straße Europas, noch vor ihrer (damals) österreichischen Cousine, der Stilfserjochstraße in (Süd-)Tirol.

Gleichzeitig stellte der Col de l'Isèran den ersten wirklichen Stolperstein auf der projektierten Alpenstraße dar. Zum Zeitpunkt der Planung bestand dieser aus einem 16 Kilometer langen Saumpfad, der eine motorisierte Verbindung zwischen Tarentaise und Maurienne behinderte und den Gipfeln des Vanoise-Massivs am nächsten war.

Dieses Hindernis sollte noch etwa 30 Jahre lang bestehen bleiben, bevor Autofahrer auf frischem Straßenbelag die Passage zwischen den beiden Tälern überqueren konnten. Die Alpenstraße, deren ursprüngliches Routing von Évian nach Nizza führen sollte, wurde denn auch erst im Juli 1937 mit der Einweihung des Iséran-Passes durch den französischen Staatspräsidenten Albert Lebrun zumindest fast fertiggestellt.

Neben dem Col de l'Isèran waren auch der Col de la Cayolle und der Col de la Croix de Fer weiterhin nur über Maultierpfade erreichbar. Die Einstufung einer neuen Nationalstraße über den Col de la Cayolle ging auf einen Beschluss vom 31. Dezember 1896 zurück. Seitdem waren die Arbeiten jedoch nicht wirklich vorangekommen. Der Grund: Um diese Projekte zu realisieren, war eine solide Finanzierung notwendig. Doch wer sollte die Arbeiten subventionieren: Der Staat? Die betroffenen Départements?

Auf Nationalstraßen

Am 22. Januar 1906 kündigte der Minister für öffentliche Arbeiten in einer Depesche an, dass die Alpenstraße mit einer Gesamtlänge von 601 Kilometern auf 472 davon über bestehende Nationalstraßen verlaufen

Ein Luftbild des Col de l'Isèran zeigt die landschaftlichen Hindernisse entlang der Strecke.

Der Col du Vars war bei Eröffnung der Hochalpenstraße nur ein schmaler Pfad mit Naturbelag.

würde. 30 Kilometer waren bereits im Bau und 50 weitere mussten noch begonnen werden. Er forderte dafür die Unterstützung der Départements Savoyen, Hautes und Basses Alpes.

Zwischen 1906 und 1909 kam es im Zusammenhang mit der Klassifizierung und dem Bau der Straße zu einer Auseinandersetzung zwischen dem Ministerium für öffentliche Arbeiten und dem Generalrat der Hautes Alpes, der sich außerstande sah, die von den Behörden geforderten Investitionen zu tätigen. Es war erneut die Unterstützung des Touring Club de France, die es ermöglichte, das Projekt wieder auf den Weg zu bringen.

Berliet 1 CB-Busse brachten erste Touristen auf die Strecke.

AUTOREN-ANEKDOTE

Bereits im ersten Jahr – 1911 – wurden mehr als 15 000 Reisende – insbesondere mit den brandneuen Bussen vom Typ **Berliet 1 CB** – während der zweieinhalb Monate Betriebszeit befördert. Dieser Bus konnte vollständig geöffnet werden wie ein Cabrio und beförderte 12 bis 15 Personen. Sein Vierzylindermotor leistete 22 PS und hatte einen Hubraum von 5,3 Litern.

Am 26. April 1909 verlas der nach wie vor amtierende Vizepräsident des Clubs, Leon Auscher, seinen Bericht über das Projekt der „Route des Alpes", die Évian mit Nizza verbinden sollte, indem sie über die malerischsten Pässe und durch die interessantesten Täler führt. „Es wird", so schloss er, „eine in Europa einzigartige Straße sein und, wie man ohne Angst vor Übertreibung sagen kann, die schönste Bergstraße der Welt." Dies war die Geburtsstunde der „Route des Alpes".

Strategisches Interesse

Die französische Hochalpenstraße wurde also zu Beginn des 20. Jahrhunderts aus zwei Gründen geplant: Der erste war, die verschiedenen Alpentäler von Norden nach Süden zu verbinden, da mehrere Verbindungen noch fehlten. Da die Straße zudem von strategischem Interesse war (Nähe zu Italien, Verbindung zwischen den Alpenforts), finanzierte der französische Staat den Bau der meisten fehlenden Abschnitte, wobei das Militäringenieurwesen einen Teil davon baute. Außerdem beteiligte sich der Touring Club de France an der Realisierung einiger Teilstücke, insbesondere des beeindruckenden Abschnitts durch die Bachelard-Schlucht zwischen Barcelonnette und dem Col de la Cayolle.

Auch die Eisenbahngesellschaft PLM bekundete ein starkes Interesse: Eine Nord-Süd-Eisenbahnverbindung zwischen all den bisher kaum erschlossenen Tälern hätte den Bau von zahlreichen langen Tunneln erfordert, die sehr teuer gewesen wären. Der Sommerbetrieb einer Buslinie schien daher viel besser geeignet und vor allem rentabel durchführbar.

Der zweite und wichtigste Grund war der Tourismus: Der Touring Club de France, der zunächst den Fahrrad- und später den Autotourismus fördern wollte, regte in jener Zeit den Bau mehrerer touristischer Straßen an, darunter die Route des Alpes. Auf der ursprünglich 615 Kilometer langen Strecke wurden

Die Tour-de-France-Leitung erkannte schon früh die Magie dieser herausfordernden Strecke.

Der Col de la Cayolle war ein wichtiges Teilstück der Strecke.

früh zahlreiche Orientierungstafeln und Hinweisschilder errichtet.

Große Werbeaktion

1911 organisierte der Touring Club de France eine große Werbeaktion, zu der Presse und Prominente eingeladen wurden. Die PLM richtete von ihren Bahnhöfen aus ein ganzes Netz von Reisebussen ein. Bereits im Juli 1911 fuhren die ersten Touristen auf einem Teil der geplanten Route, insbesondere von Nizza aus über den Col Saint-Michel und den Col d'Allos, da die Straße über den Col de la Cayolle noch nicht eröffnet war.

Auf dieser Achse verkehrten die berühmten „Cars Alpins", die einen touristischen Dienst anboten, der an die Fahrpläne der Zugverbindungen an den Endpunkten gebunden war. Léon Auscher erklärte der Presse: „Die Entwicklung des Tourismus in einer Region ist eine direkte Folge der Zunahme ihrer Transportmittel. Diese Vernetzung ist an den Hängen der Alpen nun gewährleistet."

Abel Ballif, zu diesem Zeitpunkt Präsident des Touring Club de France, fasste die Begeisterung seines Verbands für dieses Projekt in der Zeitung Le Matin zusammen: „Die Route des Alpes! Es ist weder die von Hannibal, noch die von Bonaparte. Unsere Alpenstraße bedroht nicht die fruchtbaren Ebenen der Lombardei und bereitet keine Invasion vor. Ihr Wert besteht für uns darin, die bemerkenswerteste touristische

Route zu sein, derer sich Frankreich bald rühmen kann."

Allgemeine Euphorie

Es war kaum verwunderlich, dass sich auch die Politik der allgemeinen Euphorie anschloss. Am 5. April 1912 wurde die Route des Alpes für gemeinnützig erklärt. Die Klassifizierung einer neuen Nationalstraße 212, der sogenannten Alpenstraße, wurde offiziell angenommen. Nun musste die Route nur noch fertiggestellt werden, doch der Erste Weltkrieg kam der Realisierung in die Quere.

Eigentlich war für den 10. August 1914 die offizielle Einweihung durch den Präsidenten der Republik, Raymond Poincaré, geplant. Der Kriegseintritt Frankreichs nur zehn Tage später machte der vom Touring Club geplanten Reise des Präsidenten einen Strich durch die Rechnung. Es sollte fünf Jahre dauern, bis das Thema wieder auf einer politischen und gesellschaftlichen Agenda stand.

Nach dem Ersten Weltkrieg war die Route in der Schwebe. Der PLM-Autobusdienst hatte während des Krieges seine Strecke verkürzt und in Briançon gestoppt. Am 1. Juli 1919 wurde er wieder bis zur Küste aufgenommen. Parallel dazu wurde die RN 202 am 16. Dezember 1920 offiziell zur „Route des Alpes".

Im Februar 1921 veröffentlichte der Touring Club de France in seiner Monatszeitschrift ein Dossier mit dem Titel „Wie geht es mit der

Der Col de Turini stellte schon immer eine sportliche Herausforderung dar.

Bei Castillon musste sich die Straße den Platz noch mit einer Bahntrasse teilen.

Alpenstraße weiter?". Darin wurden die Abschnitte der 1912 klassifizierten Straße aufgelistet, die noch ausgebaut oder überhaupt gebaut werden mussten. Die Route de l'Isèran blieb das Nadelöhr, das die RDGA daran hinderte, sich in die majestätischen Höhen des Vanoise-Massivs zu erheben. Der TCF schloss lapidar: „Es bleibt also noch eine große Anstrengung zu unternehmen".

Nachwehen des Krieges

Doch in den Nachwehen des Krieges war es wohl nicht vorrangig, eine Touristenroute zu bauen, noch dazu in den steilen Ausläufern der Alpen, die einige Jahre zuvor verteidigt werden mussten. Die Arbeiten zogen sich in die Länge. Auch die ursprüngliche, vom TCF gewollte Streckenführung geriet in Frage gestellt.

Es war Antoine Borrel, der Präsident des Generalrats von Savoyen ist, der 1922 das Heft in die Hand nahm: „Die Alpenstraße ist nicht nur der Name einer Route, die von Technikern und Künstlern zum größten Vorteil der Reisenden und für den Ruf unserer Orte entworfen wurde; die Alpenstraße ist eine echte Straße, ein großer Weg, der am Fuß, an der Flanke und manchmal am Kamm der Berge angelegt, geschnitten, gegraben, aufgehängt ist: ein Ingenieurwerk, das es verdient, in die Geschichte einzugehen, wie es bereits in die Geographie eingegangen ist. Die Alpenstraße nimmt es mit den einst unzugänglichen Bergen auf; es ist die Straße der Klettereien, der tragischen Orte und der hartnäckigen Serpentinen."

Im Sommer 1935 wurde schließlich die Straße über den Isèran-Pass, noch immer die höchste asphaltierte

Passstraße Europas, fertiggestellt. Die 1929 begonnenen Arbeiten dauerten sechs Jahre, und es brauchte fast 600 Arbeiter, um sie zu vollenden. Am 10. Juli 1937 fuhr Präsident Albert Lebrun mit einem Automobil bis zur Passhöhe, um die Strecke offiziell einzuweihen.

Erneuter Rückschlag

Der Zweite Weltkrieg bedeutete einen erneuten Rückschlag. So dauerte es bis 1950, ehe die Alpenstraße in Route des Grandes Alpes umbenannt wurde und nunmehr durchgängig zu befahren war.

Allerdings führte die Strecke immer noch von Évian nach Nizza. Erst mit Fertigstellung der Cormet de Roselend zwischen dem Beaufortain und der Tarentaise im Jahr 1970 wurde der letzte Abschnitt in den Seealpen geändert. So rutschte auch der Col de Turini in die Streckenführung – und das finale Ziel der jetzt rund 700 Streckenkilometer hieß fortan Menton.

Eine strategische Funktion ist seit dem Zweiten Weltkrieg praktisch nicht mehr vorhanden, weshalb die touristische Rolle in den Vordergrund rückt. Die Route des Grandes Alpes ist heute in ihrer Gesamtheit von Juni bis September geöffnet, je nach Schneelage der höchsten Pässe, insbesondere des Col de la Cayolle, des Col du Galibier und des Col de l'Isèran. Die Tour de France führt fast jedes Jahr über einen Teil ihrer Pässe. Und auch wir können uns stets aufs Neue an ihr erfreuen. ◂

Menton ist erst seit 1970 das endgültige Ziel der Route des Grandes Alpes.

Landschaftliche Leckerbissen wie am Col d'Izoard gibt es an der RDGA reichlich.

Perlen in der Spur

Die 17 Pässe, mit denen die Route des Grandes Alpes aufwartet, sind das Salz in der Suppe der französischen Hochalpenstraße.

Es herrscht nicht gerade Einigkeit, was die Anzahl der Pässe entlang der Route des Grandes Alpes angeht. Meistens ist von 16 die Rede, wir kommen auf 17, andere Quellen geben noch mehr an. Doch die zusätzlichen Übergänge befinden sich stets etwas abseits der eigentlichen Strecke und zählen daher für uns nicht. Es sind auch so genug.

Nur fünf der Strecken-Highlights bleiben dabei unter der 1600-Meter-Grenze, ein Dutzend liegt also drüber. Der niedrigste Übergang ist – in Nord-Süd-Richtung betrachtet – auch der letzte: der Col de Castillon kurz vor der Küste mit 706 kaum wahrnehmbaren Metern.

Ein halbes Dutzend Pässe wartet mit mehr als 2000 Metern auf, darunter der höchste asphaltierte Alpenpass überhaupt. Das ist der Col de l'Isèran. Er verbindet über seinen auf 2770 Metern gelegenen Scheitel die Hochtäler der Isère im Tarentaise und des Arc in der Maurienne. ◄

Gleich der erste Pass auf der Route des Grandes Alpes versteckt sich inmitten eines Retorten-Skigebiets. Der Col des Gets ist auf einem Kreisverkehr im Skiort Les Gets angesiedelt. Aber wer die RDGA wirklich befahren möchte, kommt an ihm auch nicht vorbei.

Die Höhenlage beträgt unspektakuläre 1172 Meter. Allerdings sind das schon über 700 Meter mehr, als es noch am Ausgangspunkt der Route in Thonon-les-Bains waren. Es geht also gleich vom Start der ersten Etappe zügig bergan.

Die kleine Gemeinde besteht schon seit dem 12. Jahrhundert und lebt neben der Landwirtschaft vor allem vom Tourismus. Nach einigen Bausünden des vergangenen Jahrhunderts setzt sich die Gemeinde als aktives Mitglied der Städtevereinigung Alpine Pearls nunmehr für sanften Tourismus ein – was allerdings immer noch im Widerspruch zu den auf diesen Höhenlagen wenig sinnvollen Ski- und Liftanlagen steht.

Immerhin: Wer am Pass Halt machen möchte (auch wenn gerade erst 35 Kilometer seit dem Start vergangen sind), der findet in der kleinen Kirche des Ortes eine mechanische Orgel und nicht weit entfernt das passende Musée de la Musique mécanique mit Drehorgeln, mechanischen Klavieren und Musikautomaten. In der Weiterfahrt steckt wenig Musik, zumindest bis Cluses im Arvetal erreicht ist, wo die Anfahrt zum nächsten Pass wartet. ◄

Ein schlichter Stein markiert den ersten Pass der RDGA.

HAUTE-SAVOIE • COL DES GETS
GPS 46.160392, 6.66908 • 1172 m

Die Höhenangabe am Col de la Colombiere übertreibt ein wenig.

HAUTE-SAVOIE • COL DE LA COLOMBIÈRE
GPS 45.992143, 6.475399 • 1613 m

Der Colombière ist einer jener Pässe, bei denen man nicht weiß, was schöner ist: die Anfahrt oder der Pass selbst. Beides zusammen macht ihn jedenfalls zu einer wunderbaren Erlebnisreise.

Prächtige Alternative

Los geht es in Cluses, einem umtriebigen Städtchen an der kleinen Arve. Die D 4, die auf den Colombière führt ist schnell gefunden. Es gibt allerdings für den ersten, recht monotonen Teil der Anfahrt eine mehr als lohnende Alternative. Gleich hinter der Autobahn zweigt links eine schmale Nebenstraße ab. Die bringt einen in engen Kurven und auf abenteuerlicher Wegführung bis hinauf nach Le Reposoir, wo sie sich wieder mit der D 4 vereint.

Ab hier wird es denn auch landschaftlich schön. Schon aus der Ferne ist die Passhöhe zu erahnen, dabei sind es noch gut vier Kilometer bis zum Scheitel. Schmal ist die Straße und dennoch von guter Qualität. Sie gehört zum Pflichtprogramm der Tour de France und wird daher stets in Schuss gehalten. Acht geben sollte man allerdings auf Steine, die sich im oberen Abschnitt gerne von den Felsüberhängen lösen. Gerade an diesen Stellen fällt das Fehlen der Randbefestigungen auf. Dafür verstellt keine Leitplanke den Blick auf die Aravis-Kette zur Linken, aus der eine Handvoll eindrucksvoller Zweieinhalbtausender hervorstechen.

Beliebter Treffpunkt

Kurz vor der Passhöhe lohnt der Blick zurück ins Tal – und eine Kaffeepause am 1613 (und nicht wie beschildert 1618) Meter hoch gelegenen Scheitelpunkt, der sich im Sommer zu einem beliebten Treff für Wanderer, Radler und Motorradfahrer mausert.

Bei der Abfahrt nach Le Grand-Bornand ist dann auf Schafherden zu achten. Die frei grasenden Wollknäuel scheren sich kaum um das bisschen Ausflugsverkehr hier oben. Eines oder gleich mehrere von ihnen hüpfen einem mit höchster Wahrscheinlichkeit immer dann vors Rad,

Auf Schafe ist an der Südwestrampe zu achten.

wenn man gerade eine Lücke entdeckt zu haben meint. Derlei Begegnungen bremsen schon weit vor den gut ausgebauten Kehren ein, die talwärts auf Besuch warten. Macht aber nichts: Schön ist's allemal … ◄

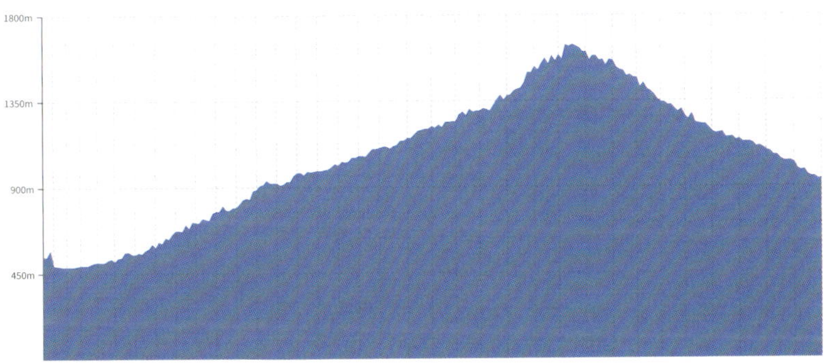

An der Passhöhe des Col des Aravis herrscht bei gutem Wetter Hochbetrieb.

HAUTE-SAVOIE • COL DES ARAVIS
GPS 45.872274, 6.464866 • 1487 m

Der Col des Aravis verbindet in den Savoyer Alpen die Gemeinden Flumet und Saint-Jean-de-Sixt. Die 23 Kilometer lange Strecke über den niedrigsten Pass im Aravis-Massiv ist gut ausgebaut und landschaftlich überaus reizvoll. Man quert immer wieder grüne Wiesen, aber auch die eine oder andere Waldpassage.

Allerdings hält sich die Steigung auf beiden Rampen in Grenzen. Es geht gemäßigt bergan, was auch die Attraktivität des Passes bei Radlern erklärt. Die tummeln sich hier gerne an sonnigen Tagen und folgen den Spuren ihrer Tour de France-Heroen. Schließlich ist der Col des Aravis bereits gut 40 Mal Teil der großen Frankreich-Rundfahrt gewesen. Nur der Col du Galibier wurde von den Profis bisher öfter befahren.

Buntes Sammelsurium

Von der Nordrampe zweigt noch die Anfahrt zum westlich gelegenen Col de la Croix Fry ab, bevor es über ein halbes Dutzend Kehren dem Scheitelpunkt des Passes entgegen geht. Der ist auf 1487 Metern erreicht und bietet ein buntes Sammelsurium an

Gastronomiebetrieben, was ihn zu einem beliebten Treffpunkt macht. Aber nicht nur das: Vor allem der bei gutem Wetter tolle Ausblick auf die umliegenden Alpen mit dem majestätischen Mont Blanc, dem mit 4 807 Metern höchsten Gipfel des Gebirges, im Osten ist Grund genug, an dieser Stelle zu verweilen. Reisende dürfen auch gerne einen Blick in die kleine Kapelle Sainte-Anne werfen, die ihnen per Aufschrift über dem Eingang gewidmet scheint: „Sainte Anne beschützt die Reisenden" heißt es dort in goldenen Lettern.

Die Südrampe nimmt Kurs auf Flumet, zunächst schlingernd mit einem guten Dutzend Kurven und Kehren, dann ab La Giettaz eher sanft dem Verlauf des Bächleins L'Arrondine folgend.

Die Kapelle Sainte-Anne heißt Reisende willkommen.

Reizvolle Rundtour

Der Col des Aravis ist gut mit dem Col de la Croix Fry zu kombinieren. Zusammen mit dem Col des Marais sowie dem Col de l'Épine ergibt sich eine reizvolle Rundtour durch das wirklich entdeckenswerte Aravis-Massiv. Für Freunde unbefestigter Wege einen Abstecher wert ist sicherlich die Fahrt entlang der Route de la Soif, einem Schotterweg, der vom Aravis-Scheitel aus in Richtung Süden abzweigt und parallel zur Hauptstraße schlussendlich ebenfalls nach Flumet führt. ◀

Am Col des Saisies befindet sich ein Denkmal der französischen Resistance.

SAVOIE • COL DES SAISIES
GPS 45.76178, 6.533338 • 1650 m

Das in Teilen sehr malerische Arly-Tal, das sich von Megève aus über Ugine bis Albertville streckt, wo der Fluss in die Isère mündet, gilt gemeinhin als natürlicher Trenner zwischen den Savoyer Voralpen und den französischen Hochalpen. Im Nordwesten liegt die Aravis-Kette, südöstlich erstreckt sich das Beaufortain und nordöstlich bildet das Mont-Blanc-Massiv den Höhepunkt des Alpengebirges.

Der Col des Saisies, der über eine gut 30 Kilometer lange Strecke Flumet im Arly-Tal mit dem Beaufortain verbindet, ist demnach der erste Hochalpenpass der Route des Grandes Alpes. Allerdings mag Hochgebirgsstimmung noch nicht aufkommen. Er führt auf seiner Nordrampe durch höher gelegene Kuhweiden, was eigentlich einen ganz hübschen, alpinen Bilderbuch-Eindruck vermittelt, wäre da nicht der ganz und gar nicht hübsche, aber namensgebende Skiort Les Saisies, in dem sich auch die Passhöhe befindet.

Idyllische Auffahrt

Immerhin ist die Straße deshalb perfekt ausgebaut und natürlich ganzjährig befahrbar. Und noch aus weiteren Gründen sollte man in diesem Pass nicht nur die kürzeste Verbindung zwischen dem Col des Aravis und dem prächtigen Cormet de Roselend sehen. Die D 218B stellt eine ordentliche Auffahrt in idyllischer Umgebung dar. Begeistern können zudem die schönen Ausblicke in Richtung Aravis-Kette und bis weit in die Hochalpen des französisch-italienischen Grenzgebiets.

An der Südrampe blickt man bis zum Mont Blanc-Massiv.

Erste Abstecher

Die Gegend eignet sich zudem bestens für ein paar lohnenswerte erste Abstecher von der eigentlichen Route des Grandes Alpes. So führen einige enge, wilde Kehren an der in Les Saisies abzweigenden D 123 über die Alpages de Bisanne hinab nach Villard-sur-Doron. Und zwischen Ugine und Flumet wird das Arly-Tal zu einer Schlucht verengt, die gerade genug Platz für das Gewässer und ein schmales Asphaltband lässt.

Bei der Abfahrt ins Beaufortain sollte man zudem in Hauteluce ein paar Extrakilometer einplanen, um der Sackgasse zum Col du Joly seine Aufwartung zu machen. Wem die Wintersportherbergen von Les Saisies, die im Sommer nicht sehr einladend wirken, nicht gefallen, der findet spätestens in Beaufort am Ufer des Doron eine ansprechendere Infrastruktur für die Nacht. ◄

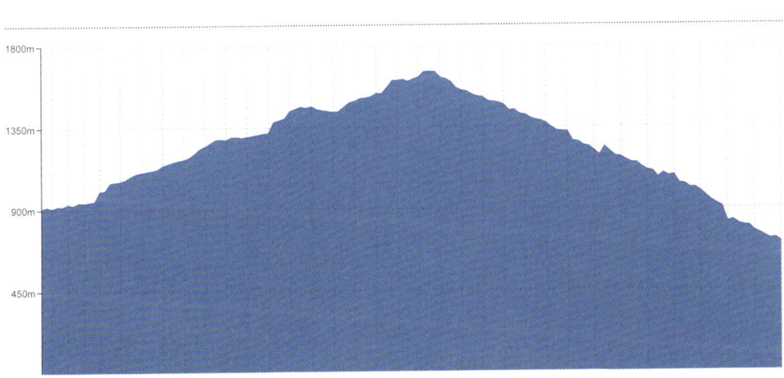

Der Stausee Lac de Roselend liegt eingebettet in alpiner Umgebung.

SAVOIE • CORMET DE ROSELEND
GPS 45.691111, 6.690556 • 1968 m

Beaufort ist zwar nur eine kleine Ortschaft in den französischen Alpen, aber eine imens wichtige. Nicht nur der umliegenden Landschaft gab sie ihren Namen, auch ein bekannter Käse trägt ihn. Einen Einblick in die Produktion des schmackhaften Milchprodukts erhält man in der Schaukäserei der Milchgenossenschaft.

Blick über den Stausee

Schmackhaft gestärkt kann man sich dann auf den Weg machen. Von den 743 Höhenmetern des Orts windet sich die Straße in zahlreichen Kehren zunächst hinauf bis zum Lac de Roselend, einem malerisch in die Landschaft eingebetteten Stausee.

AUTOREN-TIPP

Ein kleiner Abstecher über den Col de Méraillet führt zur **Staumauer** des Lac de Roselend. Seit 1960 wird hier der Fluss Doron mittels einer Kombination aus einer Bogen- und einer Pfeilerstaumauer zurückgehalten. Diese eigenwillige Konstruktion ist die vierthöchste Talsperre in Frankreich.

GPS 45.687681, 6.624557

An ihm vorbei führt die Tour, bis am Straßenrand ein schlichtes Café zur Rast lockt. In der Pause bleibt Zeit, die wilden Berggipfel zu bewundern, die sich zwischen 2000 und 3000 Meter hoch und dazu meist steil entlang des folgenden Weges aufrichten.

Malerische Hochebene

Ein paar schwungvolle Kehren später öffnet sich eine Hochebene, wie sie malerischer kaum sein könnte. Aus den Hängen schießen Gebirgsbäche von teils gewaltiger Natur und unterqueren die Straße in eigens dafür verlegten Röhren. Auf der Passhöhe sind 1968 Meter erreicht, aber es ist weniger die Höhe, als die Aussicht auf die nächsten Kilometer, die Glücksgefühle freisetzt. Die im Winter gesperrte Straße stürzt sich in eng gezogenen Winkeln in ein urzeitliches Gletschertal hinab, gleitet durch Geröllriesen, nur um Anlauf zu nehmen für die nächste Abfahrt, deren Radien nicht weniger berauschen.

Cormet de Roselend ist der jüngste Abschnitt der RDGA.

Schnell sind 600, 700 Höhenmeter abgespult, schon bald die Talmündung auf knapp 1000 Metern erreicht. Die letzten Kehren geben dann bereits den Blick auf das Ziel frei, Bourg-Saint-Maurice, das verschlafen in einem Talkessel liegt.

Viele halten diese Strecke, die das Beaufortain mit dem Tarentaise verbindet, für eine der schönsten Alpenstraßen. Kein Widerspruch. ◂

Die Nordrampe führt kurvenreich und steil zum Scheitel des Col de l'Isèran.

SAVOIE • COL DE L'ISÈRAN
GPS 45.416944, 7.030833 • 2 770 m

Wie so viele Scheitelpunkte in den französischen Alpen zählt auch dieser Pass zu den Highlights einer Tour de France. Radfahrer mögen ihn ob der anstehenden Qualen verfluchen, für Motorrad-Reisende ist er genau der richtige Aperitif zum Mittagessen.

Höchste Alpenquerung

Von Bourg-Saint-Maurice geht es erholsam bis nach Val d'Isère. Erst die als Wintersportort bekannte Bergsiedlung ist der eigentliche Ausgangspunkt für den Alpenpass schlechthin: den Col de l'Isèran. Mit 2 770 Metern ist er die höchste asphaltierte Alpenquerung – und nicht etwa der Col de la Bonette. Hier liegt nur eine später

AUTOREN-TIPP

Bonneval-sur-Arc ist mit seinen knapp 300 Einwohnern wirklich winzig, aber dennoch mehr als sehenswert. Das malerische Bergdorf gehört schon seit vielen Jahren zu den „Le Plus beaux villages de France", den schönsten Dörfern Frankreichs. Das gilt bei unseren Nachbarn als sehr hohe Auszeichnung. **GPS 45.3713, 7.047274**

angelegte Schleife um den Gipfel – gebaut einzig aus dem Grund, um mit ihren 2802 Metern alle anderen Pässe zu übertreffen – auf vermeintlicher Rekordhöhe.

An den Berg geflanscht

Der Isèran erfreut zudem mit eleganter Streckenführung. Die zwischen Oktober und Juni gesperrte Straße ist geschickt an den Berghang geflanscht, sodass sie zügiges Empor- und Hinabgleiten zulässt. Es ist ein ewiges Hin und Her, das süchtig macht. Gerade, wenn man am besten in Schwung ist, zwingt der Marker der Passhöhe zum Fotostopp – mit der Kapelle im Hintergrund.

Wie so viele Strecken, die von der Tour de France genutzt werden, präsentiert sich auch die Isèran-Route in Bestzustand. Der Asphalt ist griffig, wird alle Jahre wieder frisch präpariert und macht Lust auf mehr.

Wuchtige Gletscherfelder beherrschen zunächst die Abfahrt Richtung Süden, die sich an etliche mächtige 3000er-Bergriesen schmiegen. Hat man die grauen Geröllfelder verlassen, wechselt die Landschaft wieder in zunächst noch karges, dann immer üppiger werdendes Weideland. Die Endstation der grandiosen Etappe, einem besonders attraktiven Teil der Route des Grandes Alpes, markiert das eine Attraktion für sich bildende Bonneval im Tal der Arc. ◀

Diese Passbeschilderung ist ein beliebtes Fotomotiv.

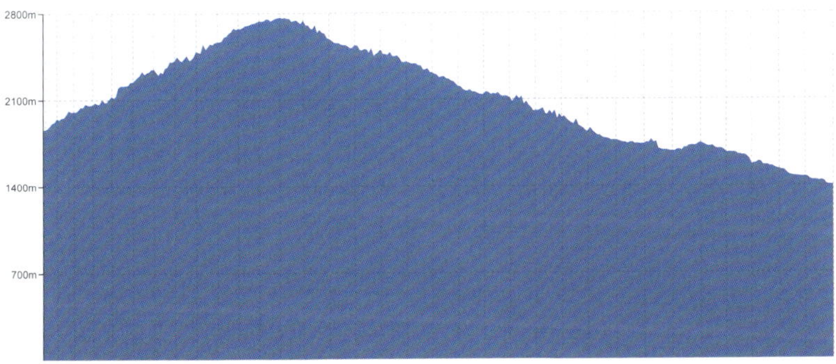

Die Beschilderung am Col du Télégraphe ist ungewöhnlich und einzigartig.

SAVOIE • COL DU TÉLÉGRAPHE
GPS 45.2027, 6.444614 • 1566 m

Der Col du Télégraphe bildet zusammen mit dem Col du Galibier eines der bekanntesten Teilstücke der D 902, wie die Route des Grandes Alpes in weiten teilen nummeriert ist. Es verbindet die im Arctal des Maurienne-Gebiets liegende Gemeinde Saint-Michel mit dem Scheitel des Col du Lautaret.

Der zum Col du Télégraphe gehörende Teilabschnitt bis Valloire hat so seine Eigenheiten. Aus einer Höhe von 1566 Metern fällt er erst einmal wieder deutlich in eine Talsenke ab, wo sich der Ort Valloire befindet. Erst danach steigt die Strecke bis zum Galibier in luftige Höhen an. Das ist wohl auch Teil des Reizes für die Tour de France, bildet das Pässe-Duo Col du Télégraphe / Col du Galibier doch eine Kräfte zehrende Kombination und gilt daher – wenn im Programm – als eine „Königsetappe".

Den Scheitel markiert ein unübersehbares Holzschild, das den Pass üppig ausweist. Die ungewöhnliche Beschilderung verweist auch gleich darauf, dass man sich hier im Sommer wie im Winter vielerlei Aktivitäten hingeben kann. Und das auf einer Spielfläche, die zwischen 1430 und über 2 600 Metern liegt.

Vom Scheitelpunkt aus sollte man auch einen kleinen Fußmarsch zum sehenswerten Fort du Télégraphe einplanen. Das lässt sich partiell besichtigen, etwa die ehemaligen Kasernen, bietet aber vor allem einen grandiosen Bick über das Val d'Arc und auf die Maurienne. Der kurze Stich ist nicht asphaltiert und schon seit einiger Zeit für den motorisierten Verkehr gesperrt.

Ausblick vom Fort du Télégraphe über die Maurienne.

Kehren im Dutzend

Die Auffahrt über die Nordrampe stellt die deutlich anspruchsvollere Fahrtrichtung dar, ergibt sich aber automatisch, wenn man die Route des Grandes Alpes in Nord-Süd-Richtung befährt. Ein gutes Dutzend Kehren sind dabei zu meistern, einige davon weisen mehr als 180 Grad auf. Etwa die Hälfte der Kehren liegt auf der Mitte des Abschnitts.

Nach der letzten Kehre zweigt dann noch der Stich auf die D 215A ab. Ein halbes Dutzend Kehren später ist die typische Skistation Valmeinier erreicht, die im Sommer ein beliebter Ausgangspunkt für Bergwanderungen ist.

Auf der rund zwölf Kilometer langen Nordrampe beträgt die Steigung durchschnittlich 7,1 Prozent. Der Wert bleibt auch auf der gesamten Strecke annähernd gleich. Die kurze Südrampe hingegen kommt lediglich auf 2,7 Prozent. ◄

An einem frühen Herbstmorgen ist es auf dem Col du Galibier am schönsten.

SAVOIE • COL DU GALIBIER
GPS 45.06414, 6.407862 • 2 642 m

Noch ein ganz großer Pass, eine Legende der Tour de France. Hochgenuss verspricht am 1876 eröffneten Galibier vor allem die Anfahrt von Norden her. Sie führt, erst sanft dem Verlauf der La Valloirette folgend, dann immer anspruchsvoller werdend, auf den Höhepunkt zu. Er ist der zweithöchste Pass der Route des Grandes Alpes und unterliegt üblicherweise zwischen Mitte Oktober und Anfang Juni einer Wintersperre.

Der zur Anfahrt zu überwindende Col du Télégraphe ist mit seinen 1566 Metern nur das Vorspiel, eine, wenn auch kurzweilige, Einstimmung auf den Col du Galibier. Ausgangspunkt für dessen Bezwingung ist Valloire. Die Infrastruktur des mittlerweile im Sommer wie im Winter lebendigen

AUTOREN-TIPP

Vom höchsten Punkt des Passes aus geht es zu Fuß auf eine kleine Anhöhe mit weithin sichtbarem Aussichtspunkt. Gutes Wetter vorausgesetzt bietet sich hier ein spektakuläres **Bergpanorama**: Man sieht die zerklüfteten Gletscher und Gipfel der Dauphiné-Alpen und sogar den Mont Blanc.

Ortes ist für eine Übernachtung mit Genuss der deftigen Küche Savoiens bestens geeignet.

Tolles Farbenspiel

Am frühen Morgen den Col du Galibier zu erklimmen ist ein absoluter Traum. Wenn sich die ersten Sonnenstrahlen über den majestätischen Gipfeln der umliegenden 4 000er ausbreiten, beginnt ein geradezu unglaubliches Farbenspiel auf dem rötlich, grau und schwarz schimmernden Schiefergestein – besonders im Herbst. Die Baumgrenze ist bereits kurz hinter Valloire erreicht, das Gras liegt wie ein Teppich auf den Hängen, bevor diese sich in weitläufige Geröllfelder verwandeln.

Nach reichlich zehn Kilometern Anlauf verengt sich die Landschaft dann plötzlich. Die Straßenführung passt sich an und erklimmt die letzten paar hundert Höhenmeter in teilweise sehr engen Serpentinen an markanten Geröllhängen.

Die Passhöhe bildet auch die Départementsgrenze.

Bevor es in den neuzeitlichen Tunneldurchbruch geht, zweigt die alte Passstraße links ab, auf der man dann die 2 642 Meter erreichen kann, die den Galibier in der Champions League der Alpenpässe platzieren.

Über 1200 Höhenmeter sind nun bei Steigungen von bis zu 12 Prozent überwunden, dann geht es kurvenreich fast 600 Meter hinab zum Col du Lautaret. ◂

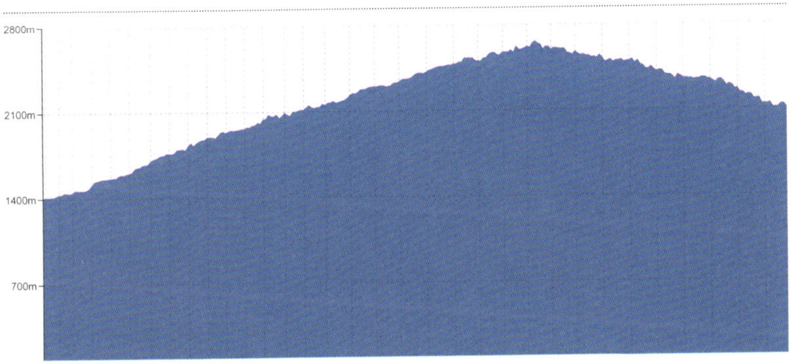

Die Gipfel des Écrins-Massifs sind imposante Begleiter am Col du Lautaret.

SAVOIE • COL DU LAUTARET
GPS 45.035231, 6.405122 • 2 058 m

Der Col du Lautaret an der D 1091 gehört zu den längsten Querverbindungen der französischen Alpen. Die eigentlich zu knapp gefassten Talorte heißen La Grave, eine als Skiort bekannte Gemeinde im Westen, und Le Monêtier-les-Bains an der Ostrampe. Auf gut 24 Kilometern fährt man auf einer gut ausgebauten Straße, die nur wenig genutzt ist, und kann dadurch die spektakuläre Landschaft oft ganz für sich alleine genießen.

Doch eigentlich ist die Strecke deutlich länger, denn sie verbindet Le Bourg-d'Oisans am nördlichen Zugang zum Nationalpark Écrins mit der Festungsstadt Briançon an der östlichen Flanke des majestätischen Gebirgszugs. Gute 68 Kilometer überwindet die Strecke mit

AUTOREN-TIPP

In der näheren Umgebung des Passes befindet sich der 1899 eröffnete Alpengarten **Station Alpine Joseph Fourier**. Hier erforscht die Universität Grenoble zusammen mit anderen Einrichtungen unter anderem die Auswirkungen des Klimawandels auf die alpine Flora.

GPS 45.035488, 6.400872

dem 2 058 Meter hohen Col du Lautaret als Scheitelpunkt. Der ist zwar nur wenig markant, dafür aber als Weggabelung zum Col du Galibier umso wichtiger.

Lohnenswerte Umgebung

Der Lautaret wird gerne mal müde belächelt, stellt er doch als Pass kaum eine Herausforderung dar. Als Handelsweg jedoch war diese Quertraverse eine Zeit lang von größerer Bedeutung. Wer nicht stur auf der Route des Grandes Alpes verweilen möchte, findet zudem auf beiden Seiten der Passhöhe hinreichend Anlässe für den einen oder anderen Abstecher. Sei es ein Besuch im Nationalpark Écrins oder im benachbarten und unmittelbar an den Pass angrenzenden Naturpark Pics du Combeynot. Oder eine Fahrt zum Lac du Chambon an der Westrampe.

Dort zweigt zudem die Zufahrt zum weithin unbekannten Col de Sarenne ab, der erst am Heliport von L'Alpe d'Huez sein Ende findet. Und über die engen Kehren, durch die man von diesem als Wintersport- und Tour-de-France-Legende bekannten Ort hinab ins Tal der Romanche stoßen kann, muss man wohl kaum ein Wort verlieren.

Auch am Col du Lautaret steht eine kleine Kapelle.

In der Umgebung des Col du Lautaret liegt seine Attraktivität – auch wenn man für die Route des Grandes Alpes nur die Ostrampe nutzt. ◄

Die spektakuläre Nordrampe des Col d'Izoard mit dem Refuge Napoléon.

HAUTES-ALPES • COL D'IZOARD
GPS 44.82002, 6.735037 • 2 356 m

Napoléon war ein weitsichtiger Herrscher. Bei aller Kritik an seinen staatsmännischen Künsten hat er vor allem die Infrastruktur der Grande Nation vorangetrieben. Viele Schutzhütten in den Alpen stammen aus seiner Zeit, so auch entlang der Tour hinauf zum Col d'Izoard.

Auf solchen historischen Pfaden wandelt heute die Route des Grandes Alpes. Frankreichs grandiose touristische Alpenstraße verbindet Höhepunkte wie Perlen auf der Schnur, wobei sich der Verkehr auf diesen Straßenbau-Highlights in dankenswerten Grenzen hält. Aber die beiden Attraktionen dieses Abschnitts sind schon ziemlich einzigartig. Das Briançonnais hält nämlich gleich zwei Höhepunkte hintereinander bereit: den 2 356 Meter hohen Col d'Izoard und die sich südlich hinter ihm ausbreitende unvergleichliche Landschaft der Casse Déserte.

Schwindelerregend

Von der Festungsstadt Briançon aus durchzieht der Weg abwechslungsreiche Landschaften mannigfaltiger Schönheit. Oder besser: Er überwindet sie. Das Kurvengeschlängel ist vor allem am Refuge Napoléon geradezu schwindelerregend. Besondere Freude kommt auf diesem Abschnitt auch dadurch auf, dass die Straße in Top-Zustand ist; erneut ein Tour de France-Erbe.

Der Passmarker am Col d'Izoard hält viel Lesestoff bereit.

Durch die Schuttwüste

Nach der durch einen Obelisken angezeigten Passhöhe verengt sich der Pfad und zwingt zu verhaltener Geschwindigkeit. Trauer mag darüber aber nicht aufkommen, denn die sich hier vor den Augen öffnende Casse Déserte, was so viel wie „Schuttwüste" bedeutet, ist von solcher Schönheit, dass man eh an fast jeder Ecke anhalten und genießen möchte.

Erosion hat diese Landschaft geprägt, hat Felsstrukturen und -formationen hinterlassen, die nicht von dieser Welt scheinen. Mondlandschaft ist ein Begriff, der einem immer wieder durch den Kopf schießt. Riesige Geröllhalden, aus denen einzelne Felsnadeln ragen, erheben sich direkt am Straßenrand. Wer so etwas sehen möchte, muss sich sonst schon in amerikanische Nationalparks begeben, wird sich dort aber selten so „mittendrin" fühlen wie hier.

Schade, dass die Strecke wegen der Wintersperre meist nur von Juni bis Ende Oktober nutzbar ist. ◄

Der Col de Vars überzeugt mit seiner kurvenreichen Anlage der Nordrampe.

HAUTES-ALPES • COL DE VARS
GPS 44.539961, 6.702202 • 2109 m

Der 2109 Meter hohe Scheitel des Col de Vars ist zwar optisch kaum ausgeprägt, ist aber dennoch aus gleich mehreren Gründen erwähnenswert. So markiert er die Grenze zwischen den Départements Hautes-Alpes und Alpes-de-Haute-Provence, ist außerdem häufig einer der Anfahrtspunkte der Tour de France und war bereits früh auch ein Bestandteil der Route des Grandes Alpes.

Besonderen Fahrspaß erlebt man, wenn man die gut 28 Kilometer lange Passstraße von Norden aus dem Ort Guillestre heraus anfährt.

AUTOREN-TIPP

Napoléon hat sich an vielen schönen Alpenstraßen Frankreichs verewigt, nicht nur am Col d'Izoard (Seite 40/41), sondern auch auf der nördlichen Anfahrt zum Col de Vars. Die bereits 1858 erbaute und eröffnete Schutzhütte **Refuge Napoléon** bietet sich knapp zwei Kilometer vor der Passhöhe nicht nur für den kleinen Hunger, sondern als rustikales Gîte auch zur Übernachtung auf dem Pass an.

refuge-napoleon-vars.fr
GPS 44.556800, 6.695961

Die Nordrampe ist nicht nur das deutlich längere Teilstück, sie ist vor allem im ersten Abschnitt sehr kurvenreich angelegt. Gute 1100 Höhenmeter werden erklommen, wobei die maximale Steigung rund 10 Prozent beträgt. Im Schnitt sind es aufgrund der Länge der Rampe aber nur 5,8 Prozent.

Unterwegs am Col de Vars auf historischem Gefährt.

Ziel für Bergwanderer

An der Passhöhe fällt der Blick auf zahlreiche Gipfel, die allesamt knapp unter, gen Osten aber auch teilweise über 3 000 Meter aufsteigen. Entsprechend ist die Gegend um den Pass im Sommer ein beliebtes Ziel für Bergwanderer.

Etwas weniger spektakulär präsentiert sich die Südrampe, die bis Saint-Paul-sur-Ubaye aber immerhin auch noch sechs schöne Kehren zu bieten hat. Die Straße ist durchgehend zweispurig angelegt und recht breit ausgebaut. Da macht es dann auch wenig, dass man sie sich mit zahlreichen Radlern teilen muss, die auf den Spuren ihrer Tourhelden zur Passhöhe streben.

Der Col de Vars ist von Mai bis Oktober geöffnet, wird aber auch im Winter bei günstigen Witterungsbedingungen offen gehalten. ◄

Am Col da la Cayolle eröffnen sich immer wieder solche Aussichten.

ALPES-DE-HAUTE-PROVENCE • COL DE LA CAYOLLE
GPS 44.25938, 6.74389 • 2 327 m

Das kleine Städtchen Barcelonnette im Ubayetal hat es gut: Es wird an gut 300 Tagen im Jahr von der Sonne verwöhnt, hat im Winter reichlich Schnee vor der Hütte und bildet das Tor zu einer Vielzahl an touristischen Alpenstraßen, die der Hotellerie prächtige Auslastungsraten bescheren. Was als will man noch mehr?

Nun, man möchte jemanden haben, der einem die Qual der Wahl abnimmt. Voilá: Bei allen Alternativen, die das Gebiet zu bieten hat, bleibt der Col de la Cayolle für Motorradfahrer die Sahneschnitte.

Natürlich gibt es neben dem Cayolle noch den westlich verlaufenden Allos oder weiter östlich den Doppelpass Col de la Bonette / Col de Restefond. Motorradfahrer werden sich trotzdem für unseren Favoriten entscheiden. Hier sind wir unter uns, denn selbst im Hochsommer verirrt sich nur dann und wann ein Auto auf die teilweise steile Strecke.

Dreifaltiger Wasserfall

Selbst schuld möchte man meinen, wenn man durch die Gorges du Bachelard über eine gut fünf Kilometer lange Schluchtenstraße der Passanfahrt entgegenrollt. Ab Bayasse öffnet sich die Landschaft. Nicht selten sind voluminöse Schafherden die einzigen Begleiter auf einigen Kilometern. Unterhalb der Passhöhe stürzt sich ein dreifaltiger Wasserfall ins Tal. Und die letzten Kehren haben es auch noch in sich.

Ab der Passhöhe geht es in mediterrane Gefilde.

Übergang ins Mediterrane

Mit der Passhöhe des Cayolle, der ganz ohne Zweifel einer der landschaftlich schönsten und abwechslungsreichsten Pässe der Westalpen ist, wird dann auch endgültig der Übergang in mediterrane Gefilde vollzogen. Schon auf den ersten Kilometern der Abfahrt strömt einem deutlich wärmere Luft entgegen. Dabei bleibt die Umgebung mit einigen Gipfeln nahe der 3000-Meter-Marke hochalpin – und der Pass zwischen Oktober und Mai gesperrt.

Ihr erholsames Ende findet die Route schließlich in Saint-Martin-d'Entraunes. Gleichzeitig warten mit den Daluis- und Giansschluchten weitere Leckerbissen auf Besucher, die allemal Abwege von der Route des Grandes Alpes lohnen.

Wer länger in der Gegend verweilt, sollte den Cayolle auch mal anders herum fahren. Man wird dabei einen völlig anderen Pass mit einem gänzlich unterschiedlichen Fahrgefühl wahrnehmen. ◀

Der Col de Valberg ist nur mäßig beschildert und wird daher schnell übersehen.

ALPES MARITIMES • COL DE VALBERG
GPS 44.089586, 6.919319 • 1672 m

Dieser Pass ist ein Geisterpass. Über seine Existenz könnte man sich streiten. Unzweifelhaft aber ist, dass vor ewigen Zeiten der Scheitel eines Saumpfads verlief, wo heute das im Sommer schon umtriebige, im Winter aber überaus lebendige Valberg steht. Eine Beschilderung des Col de Valberg sucht man dennoch vergebens.

Aufgrund der relativ niedrigen Passhöhe kann der Col de Valberg dafür meist schon im Frühling und bis weit in den Spätherbst hinein befahren werden. Er wird zwar auch im Winter offen gehalten, weil er als

AUTOREN-TIPP

Wer an dieser Stelle etwas Abwechslung von der Route des Grandes Alpes sucht, der wird auf dem alternativ befahrbaren Abschnitt über **Péone** fündig. Die Strecke windet sich von Guillaumes am Verlauf des Le Tuébi entlang. Nach Péone geht es in engen, knackigen Kehren steil zur **Chapelle Saint Sauveur** hinauf und von dort etwas gelassener auf die knapp 1700 Meter in Valberg. Wanderer dürfen den kurzen Ausflug zum **Pointe de Chabaud** auf 1460 Metern nicht verpassen.

Zufahrt zum Skiort Valberg dient. Doch ist die Nutzung zur Befahrung der Route des Grandes Alpes ja auch abhängig von den übrigen Pässen, wo auf manchen eben lange Wintersperren herrschen.

Lohnenswert ist ein Abstecher ins Bergdorf Péone.

Kurvenspektakel

Der Col de Valberg befindet sich im Nationalpark Mercantour. Seinen Anfang hat er in Guillaumes, wo sich auch das Nordende der Route durch die Daluis-Schlucht befindet. Ein besonders eindrucksvolles Panorama erlebt man auf der Westrampe. Die Straße klebt hier förmlich an einer Felswand und zieht sich recht steil in die Höhe. Dann geht das Kurvenspektakel auch schon los.

Auf 15 Kilometer Länge kommt die Westrampe, die sich wegen der winterlichen Dauernutzung auch meist in einem sehr guten Zustand präsentiert. Der unspektakuläre Scheitel liegt kurz vor dem namensgebenden Städtchen Valberg, das zu Ferienzeiten recht überlaufen ist. Die kurze Ostrampe hingegen kommt auf gerade sechs Kilometer und endet in Beuil, wo auch die nördliche Zufahrt in die Cians-Schlucht abzweigt.

Einen Abstecher erfordert die Befahrung der Westrampe des 1748 Meter hohen Col d'Espaul. Dessen Ostrampe ist nur teilweise befestigt und unterliegt als Teil des Nationalparks zudem einem Fahrverbot. ◄

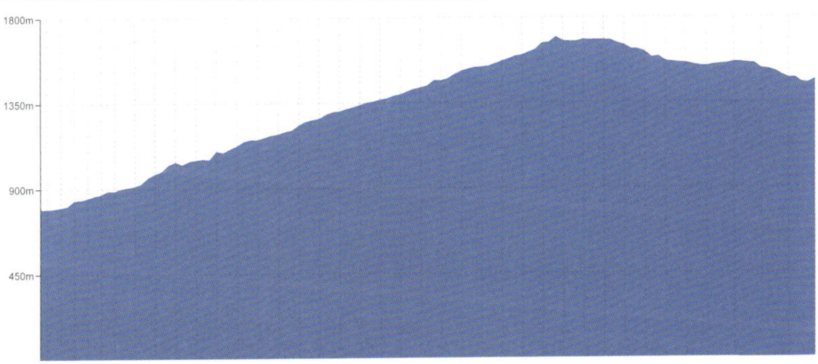

Die Auberge an der Passhöhe ist leider nur noch abends zum Essen geöffnet.

ALPES MARITIMES • COL DE LA COUILLOLE
GPS 44.100249, 7.023 • 1678 m

Der Col de la Couillole hat seinen westlichen Ausgangspunkt in Beuil, am nördlichen Ende der Gorges de Cians gelegen, und seinen östlichen im Tinée-Tal bei Saint-Saveur. Zusammen mit dem Col de Valberg, der weiter westlich gelegen Guillaumes mit Beuil verbindet, bildet der Couillole eine überaus flüssig zu fahrende Strecke, die viel Fahrspaß bietet.

Die Passhöhe ist auf diesem knapp 24 Kilometer langen Abschnitt der Route des Grandes Alpes bereits nach einem Drittel der Strecke erreicht. Die Westrampe kann zwar

AUTOREN-TIPP

Wer den Col de Valberg auslässt, weil schon die Daluis-Schlucht einen Abstecher wert ist, der wird das sicher mit einer Süd-Nord-Fahrt durch die **Gorges du Cians** verbinden. Wie schon ihre weiter westlich parallel verlaufende Schwesterschlucht ist auch diese eine Augenweide. Auf rund 22 Kilometern führt die D 28 durch die vom wilden Gewässer der Cians tief eingeschnittene Felsspalte, bis sie in Beuil wieder auf die RDGA trifft.

GPS 44.049684, 6.977810

ein paar knackige Kurven aufweisen und lässt sich wegen der weiten Radien auch zügig befahren. Nennenswerte Höhenmeter werden aber kaum gemacht. Gerade mal etwas über 200 sind es auf den gut sieben Kilometern von Beuil bis zum Scheitelpunkt.

Fahraktive Ostrampe

Eine Einkehr in der am Pass gelegenen Auberge ist empfohlen, bevor es dann auf die mit knapp 17 Kilometern deutlich längere und wesentlich aktivere Ostrampe geht. Bereits nach wenigen Kehren ist das malerische Bergdorf Roubion erreicht, dem man wegen der spektakulären Lage unbedingt seine Aufwartung machen sollte. Manche Gebäude wirken wie direkt aus dem Fels der steil ansteigenden Berge gehauen.

Wie ein Adlernest schmiegt sich Roubion an den Fels.

Auf den folgenden Kilometern ist Vorsicht geboten, besonders bei schlechtem Wetter. Dann kommt es häufig zu Steinschlag, der durchaus gefährlich werden kann. Auch der Straßenbelag erzählt davon und stellt seine Wunden zur Schau. Dennoch ist die Fahrt eine Mordsgaudi, egal, in welche Richtung man sie unternimmt.

Der Abschnitt findet erst fast 1200 Meter unterhalb des Passes sein Ende und rollt ins Tinéetal aus. In Saint-Sauveur-sur-Tinée darf man sich getrost einen Kaffee gönnen. ◄

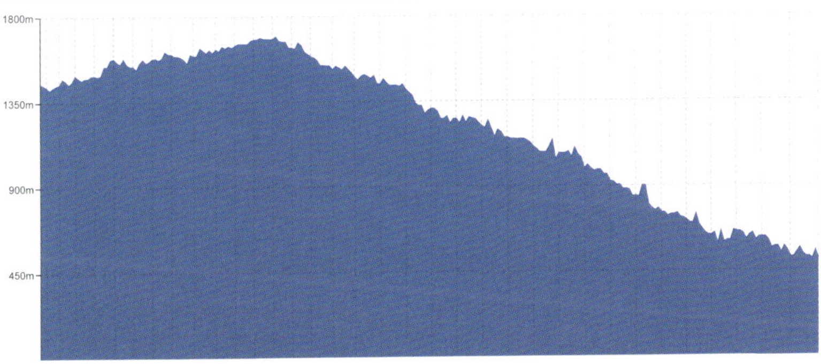

Aus dem Tinée-Tal südlich von Saint-Sauveur geht es auf den Col Saint-Martin.

ALPES MARITIMES • COL SAINT-MARTIN
GPS 44.070955, 7.221369 • 1500 m

Einer der letzten Pässe der Route des Grandes Alpes ist eine überaus kurvenreiche Etappe vom Tinée-Tal hinüber ans nächste Flussufer. Die über den Col Saint-Martin führende M 2565 schwingt sich noch einmal auf 1500 Meter hinauf und von dort hinab nach Saint-Martin an der Vésubie. Die mäßig beschilderte Passhöhe befindet sich in der kleinen Ortschaft La Colmiane.

Etwas über 1000 Höhenmeter werden dabei erklommen. Dafür nimmt sich die Westrampe allerdings auch 21 Kilometer lang Zeit. Die Steigung hält sich daher in Grenzen.

AUTOREN-TIPP

Gegen Ende der Route des Grandes Alpes sind es nicht immer die Pässe, die zu überzeugen wissen. Doch in den Seealpen finden sich zahlreiche lohnenswerte Ziele, die den einen oder anderen Abstecher verlockend erscheinen lassen. Das gilt besonders für die Region zwischen den Flusstälern der Tinée und des Vésubie. Auch der **Nationalpark Mercantour** sollte bei einer Reise in den Süden Frankreich unbedingt besucht werden.

mercantour-parcnational.fr

Nicht so jedoch das Panorama, das immer mal wieder zwischen den Bäumen aufblitzt.

Nach etwa neun Kilometern wird ein kleines Kehrenfeuerwerk bestehend aus einem halben Dutzend scharfer Richtungswechsel gezündet. Es folgen ein paar fast zusammenhängende Ortsdurchfahrten, bevor im Wintersportort La Colmiane die Passhöhe erreicht ist.

Hinein in die Bergwelt

Kurz davor lohnt ein Abstecher in einen kurzen Stich, der in den Nationalpark Mercantour führt und nach knapp zehn Kilometern am Parkplatz der Route des Millefonts endet. Belohnt wird man mit 16 feinen Kehren – und die sind auch noch doppelt zu fahren, da es sich ja um eine Sackgasse handelt. Wer gutes Schuhwerk dabei hat, sollte sich in der fantastischen Gebirgswelt der Seealpen unbedingt eine Zeitlang die Beine vertreten.

Die Passhöhe ist mäßig beschildert und keine Schönheit.

Früher ging es von hier aus auf einem unbefestigten Weg noch weiter ins Gebirge hinein. Doch die Befahrung ist mittlerweile untersagt.

Wer vom Gebirge nicht genug bekommt, kann noch einen Abstecher auf der M89 einlegen. Die führt an den Lac de Borèon und im Sommer auch noch Richtung Col de Salèse – bis erneut der Nationalpark fahrerische Grenzen setzt. ◄

Die prachtvollen Kehren am Col de Turini sind auch Rallye-Legenden.

ALPES MARITIMES • COL DE TURINI
GPS 43.977528, 7.391612 • 1607 m

Durch die Rallye Monte Carlo wurde diese Strecke zur Legende. Einem Korkenzieher gleich windet sie sich durch die letzten Ausläufer der Seealpen gen Mittelmeer. Man mag es kaum glauben, aber auf dieser Straße wurden im tiefsten Winter mit Rallye-Autos Geschwindigkeiten gefahren, die sich Otto Normalfahrer selbst an einem heißen Hochsommertag, egal ob auf zwei oder vier Rädern nicht traut.

Das ist auch besser so, denn selbst die professionellen Piloten, die hier um Weltmeisterehren kämpften, hatten ihre liebe Müh und Not mit dem Col de Turini, dem Highlight jeder Rallye Monte Carlo.

Es müssen stets bewegende Nächte gewesen sein, die der langen Messer, wie die Etappe ehrfurchtsvoll genannt wird. Was dieses Schmuckstück alpinen Straßenbaus an Adrenalin freizusetzen vermag, kann man nicht nur im Selbstversuch erleben, sondern angesichts des engen Tals, aus dem der Weg zum Pass aufsteigt, auch hören.

Ein Stopp am wenig befestigten Straßenrand, Helm ab. Blick in den Abgrund auf die gerade noch gefahrenen Schleifen und mal die Ohren aufgesperrt. Da, schon wieder ein Motorrad; jeder einzelne der zahlreichen Schaltvorgänge gut hörbar. Doch in die mechanischen Klänge mischt sich auch immer mal wieder ein Freudenschrei von geradezu urzeitlicher Qualität.

Der Turini befreit

Über 44 Kehren zieht sich der maximale Fahrspaß. Zunächst tragen einen 19 davon aus dem Tal der Vésubie in kürzester Zeit 1100 Höhenmeter bergan zur Passhöhe. Trotz dieses Anstiegs bleiben die Steigungen mit zehn Prozent vergleichsweise moderat. Deshalb lässt es sich hier ziemlich beschwingt Gas geben.

Wem das und die sich anschließende, nicht minder spektakuläre Abfahrt nicht genug sind, der kann sich am Turini noch zu einem Rundtrip auf den L'Authion aufmachen. Nach vier Kilometern startet eine Schleife, die gegen den Uhrzeigersinn als Einbahnstraße gefahren wird und schließlich zum Ausgangspunkt zurückführt.

Am Scheitel des Turini darf man sich eine Pause gönnen.

25 Kehren und noch eine sehr grandiose Felsenschlucht später ist Sospel erreicht und damit das Ende einer wunderbaren Erfahrung. An manchen Wintertagen und bei allzu schlechtem Wetter ist der Turini auch mal gesperrt. Angesichts der gerade zurückgelegten Strecke sicher zurecht. ◄

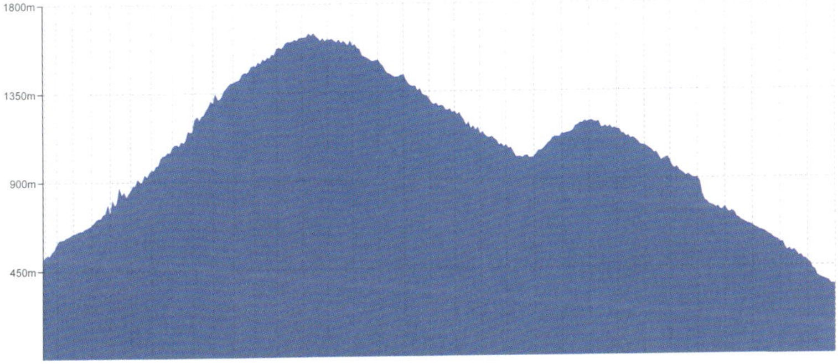

Bei der Abfahrt vom Col de Castillon bietet sich erstmals ein Blick aufs Meer.

ALPES MARITIMES • COL DE CASTILLON
GPS 43.839464, 7.4602 • 706 m

Hat man den Col de Turini und sein Kehrengewusel soeben hinter sich gebracht, darf man in Sospel kurz verschnaufen. Nun ist es nicht mehr weit, der letzte Abschnitt der Route des Grandes Alpes steht an. Noch 22 Kilometer, noch ein Pass, noch ein paar feine Kurven, und dann rollt die Route entspannt ans azurblaue Meer aus.

Die den Col de Castillon tangierende D 2566 verbindet Sospel und Menton. Wer es eilig hat ans Meer zu gelangen, der wird die RDGA verlassen und auf der D 2566A den Col de Castillon in einem Tunnel unter-

AUTOREN-TIPP

Die kleine Gemeinde Castillon, die dem letzten Pass der Route des Grandes Alpes ihren Namen verleiht, war Mitte der 1970er Jahre fast dem Untergang geweiht. Mit nur noch 55 Einwohner schien sie zur Geisterstadt zu verkommen. Dann aber entdeckten Künstler das schmucke Bergdorf und hauchten ihm neues Leben ein. Davon kann man sich in den malerischen Gassen der **Cité des Artistes** beim Besuch einiger Ateliers ein eigenes Bild machen.

GPS 43.833961, 7.471804

queren. Doch das wäre Frevel. Wenn man schon die Kilometer bis hierher auf Frankreichs grandioser Alpenstraße zurückgelegt hat, besteht wirklich kein Grund, den Schlusspunkt zu verpassen.

Das Viadukt du Caramel, der Rest einer Schmalspurbahn.

Eindrucksvolle Viadukte

Ist die Nordrampe schon mit einem feinen Kurvenverlauf gesegnet, so sorgen die Kehren der Südrampe für ein bis ans Meer anhaltendes Lächeln im Gesicht. Den wenigen Platz, der zwischen den Felshängen vorhanden ist, musste sich die Straße übrigens längere Zeit noch mit einer Schmalspurbahn teilen, die zwischen Sospel und Menton verkehrte. Davon zeugen heute noch zwei eindrucksvolle Viadukte am Ortsausgang von Castillon.

Hier ist die Küste übrigens auch das erste Mal so richtig wahrzunehmen. Am Horizont schimmert das Mittelmeer azurblau im Sonnenlicht. In der Umgebung beider Passrampen gibt es auch noch einige kleinere Alternativstrecken, etwa die Zufahrt zum Col de Braus oder die D 54, die am Scheitelpunkt des Passes wieder auf die Route des Grandes Alpes trifft.

Hier, am Ende der gut 700 Kilometer langen Prachtstraße durch die französischen Alpen, belohnt das Meer vor Menton alle, die sich nach diesem Anblick gesehnt haben. ◄

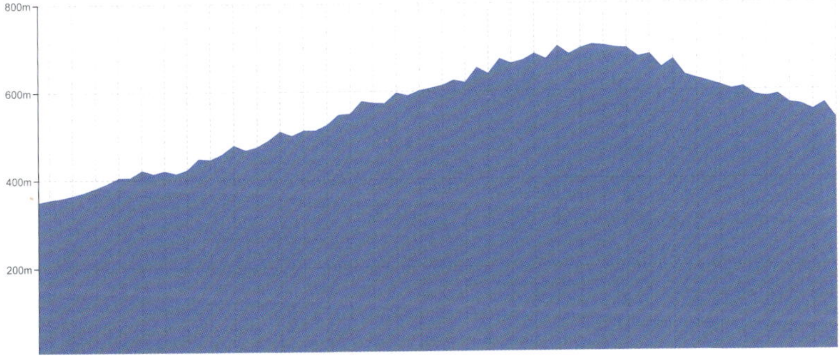

Anstieg zum Einstieg

Vom Ausgangspunkt am Lac Léman führt diese erste Etappe der Route des Grandes Alpes schon nach wenigen Kilometern in die Berge. Sehenswertes am Wegesrand und Kulinarisches bieten reichlich Abwechslung.

FRANKREICH • SAVOIEN
GPS 45.991353, 6.472911

Ein erster ernst zu nehmender Pass an der Route des Grandes Alpes ist Der Col de la Colombière.

Der Brunnen vor dem Rathaus von Thonon-les-Bains.

Als zu Beginn des 20. Jahrhunderts im Touring Club de France die Idee entstand, eine durchgehende Route über die französischen Alpen zu schaffen, existierten nur wenige Teilstücke, historische Pfade über hochalpine Pässe, die einige der abgelegenen Täler miteinander verbanden.

Nun sollten zwei Regionen – Rhône-Alpes sowie Provence-Alpes-Côte d'Azur – und fünf Départements, dazu zahllose lokale Behörden von diesem gemeinsam anzugehenden Projekt überzeugt werden. Aber es gelang. Nach 25 Jahren Planung und Bauzeit wurden 1937 die letzten der ursprünglich 666 Straßenkilometer vom Südufer des Lac Léman (in unseren Breiten besser bekannt als Genfer See) bis zunächst nach Nizza fertiggestellt.

Im Laufe der Planung hatte sich so einiges geändert, was teilweise bis heute Auswirkungen auf Besucher der Route des Grandes Alpes (RDGA) hat. So war ursprünglich das etwas weiter östlich am Genfer See gelegene Kurbad Évian-les-Bains Startort der Strecke. Erst seit den 1970er Jahren nimmt die RDGA nun in Thonon-les-Bains ihren Ausgang, ebenfalls ein Kurort, wenngleich heute nicht mehr viel davon zu entdecken ist.

Neuer Start, neues Ziel

Der Grund für diese Entscheidung ist umstritten. Es hängt wohl mit der Verlegung der Streckenführung zusammen, die der RDGA nach Öffnung des Cormet de Roseland auch noch ein neues Ziel an der Côte d'Azur bescherte: adieu Nizza, bonjour Menton!

Die Route des Grandes Alpes reizt auch aktuell mit mindestens 16 Pässen (oder je nach Zählweise auch 17, wenn man wie wir es tun, den Col de Lautaret als zugehörig ansieht, obwohl seine Passhöhe nur gestreift wird), sechs davon auf über 2000 Metern Höhe. Dazu locken drei National- und zwei Regionalparks mit ihren Naturschönheiten. Eine durchgängige Befahrung ist gesichert allerdings nur von Ende Juni bis Mitte Oktober möglich.

Verblasster Glanz

Thonon-les-Bains ist, wie der Name schon verrät, ein französischer Kurort. Malerisch am Ufer des Lac Léman gelegen, lebt die Gemeinde vom Glanz vergangener Zeiten – und im Schatten des deutlich mondäneren Évian-les-Bains, auch bekannt durch sein Mineralwasser, das in Frankreich auf kaum einem Essenstisch fehlt. Die Hotellerie ist wenig überzeugend, da gibt es außerorts bessere Offerten.

AUTOREN-TIPP

Das malerische Städtchen **Yvoire** am Genfer See ist eine gute Adresse für die erste Übernachtung vor dem Start einer RDGA-Befahrung. Der mittelalterliche Dorfkern mit seinen schmalen Gassen wie auch das hübsche Schloss machen selbst einen kurzen Aufenthalt inmitten des unübersehbaren Blumenschmucks lohnenswert. Es ist nicht umsonst eines der schönsten Dörfer Frankreichs. **yvoire-france.com**
GPS 46.37, 6.326667

Wer es wirklich malerisch zum Tourauftakt mag, der weicht ins rund zwölf Kilometer westlich gelegene Yvoire aus. Der mittelalterliche

Das mittelalterliche Yvoire liegt nur zwölf Kilometer westlich vom Startpunkt der RDGA.

Die Gorges du Pont du Diable ist ein Naturschauspiel.

Dorfkern und die Lage auf einer in den See ragenden Landzunge machen es zu einem beliebten Anziehungspunkt am Südufer des Genfer Sees.

D 902 – dieses Kürzel sollte sich merken, wer die RDGA befahren möchte. Es bezeichnet die Straße, über die zumeist auch die RDGA-Route führt. Zwar ist es nicht auf den ganzen knapp 700 Kilometern durchgängig so gehalten, aber auf einem guten Teil davon. Allerdings ist ausgerechnet im ersten Drittel ein größeres Durcheinander mit anderen Straßennummern zu verzeichnen, so dass der Verlauf der RDGA nicht immer ganz einfach zu verfolgen ist.

Ihren Ausgangspunkt nimmt die D 902 an einem üppigen Kreisverkehr im Zentrum von Thonon. Schnell ist das Tal der Dranse erreicht. Nach nur 15 Kilometern verführt doch tatsächlich ein erstes Naturschauspiel den einen oder anderen schon wieder zu einem längeren Aufenthalt. Wer mag, kann sich hier durch die extrem schmale Schlucht Gorges du Pont du Diable führen lassen. Für die gut anderthalbstündige Wanderung ist aber passendes Schuhwerk eine Grundvoraussetzung. In klobigen Motorradstiefeln macht der beeindruckende Abstecher zu dem tiefen Einschnitt ins graue Marmorgestein nur wenig Freude.

Erstes Pässe-Highlight

Nach rund 60 Kilometern, die auch über den ersten, allerdings noch recht unscheinbaren Pass – den 1163 Meter hohen Col des Gets – führen, ist die Zufahrt zum Col de la Colombière erreicht. Der bereits 1613 Meter hohe Übergang ist das erste Highlight entlang der offiziellen Route des Grandes Alpes. Er steigt von Cluses aus auf seine Passhöhe an und findet sein Ende in Saint-Jean-de-Sixt.

Es gibt allerdings zwei mögliche Zufahrten. Die D 4 ist gut ausgebaut

AUTOREN-TIPP

Eine Wanderung durch die **Gorges du Pont du Diable** ist sehr zu empfehlen. Gleich zu Beginn der Etappe hat sich die Schlucht unweit der Strecke tief in den Fels gefressen. Der Ausflug bringt einen auf dieser Etappe nicht in Zeitverzug, eröffnet dafür aber grandiose Einblicke in die Kraft der Erosion. Täglich geöffnet von April bis September, Führung 18 Euro pro Person.

lepontdudiable.com
GPS 46.304670, 6.615782

und soll vor allem Wintersportlern einen schnellen Zugang zu den Pisten und Loipen rund um die Passhöhe bieten. Motorradfahrer werden die rund 16 Kilometer lange Alternative über die etwas versteckt liegende D 119 bevorzugen, die sich in wilden Kurven bergan schlängelt, bevor sie sich in Le Reposoir wieder mit der Originalstrecke vereint. Knapp acht Kilometer weiter ist dann erst die Passhöhe erreicht. Sie liegt in offenem Gelände und erlaubt feine Weitblicke in die französischen Alpen.

Unübersichtliche Kehren

Auf der Westrampe hinab nach zunächst Le Grand-Bornand und weiter nach Saint-Jean-de-Sixt sind einige unübersichtliche Kehren, vor allem aber gerne frei laufende Nutztiere zu beachten – mitsamt ihren Hinterlassenschaften. So ist der durchaus griffige Asphalt immer mal

Mit freilaufenden Herden ist in höher gelegenen Gebirgsregionen immer zu rechnen.

Unterwegs auf einsamen Pfaden am Col des Aravis.

wieder mit Schafskötteln bedeckt. Die zugehörige Herde ist dann meist nicht mehr weit.

Nach La Clusaz – und damit noch vor dem Ende dieser ersten, auf der Originalroute auch nur 145 Kilometer langen Etappe – bietet sich ein lohnenswerter Abstecher nach Westen an. Der Lac d'Annecy lockt nicht nur als ansehnliches Gewässer, sondern auch mit einigen ganz feinen Motorradstraßen entlang und abseits seiner Ufer (Extratipp S. 66ff).

Im Gebiet rund um den Col des Aravis, der auf 1486 Metern den gleichnamigen Gebirgszug überwindet, lassen sich manche wintersportlichen Bausünden entdecken. Aber auch die Kapelle der Heiligen Anne, Schutzpatronin der Reisenden. Die Strecke ist gut ausgebaut und bietet zügigen Fahrspaß mit nur wenigen Kehren. Und sie führt über das kleine Städtchen Flumet zu den nächsten Skigebieten, denen von Les Saisies.

Als vierter und letzter Pass auf dieser ersten RDGA-Etappe schwingt sich der ebenfalls gut ausgebaute Col de Saisies auf 1633 Meter empor und endet an der Skistation von Les Saisies. Der Vorteil dieser Infrastruktur: Hier und in der näheren Umgebung gibt es zahlreiche Übernachtungsmöglichkeiten, die andernorts an der RDGA schon mal rar gesät sein können. Von vielen der kleineren Weiler aus ist zudem bei gutem Wetter freier Blick auf den Mont Blanc möglich.

Würzige Käsesorten

Weiter unten im Tal liegt Beaufort. Der kleine Ort gibt einer ganzen Region seinen Namen: Beaufortain. In der Umgebung befinden sich eine Handvoll Schlösser und Burgen aus dem 11. bis 15. Jahrhundert. Außerdem ist es die Heimat der gleichnamigen Käsesorte. Die ist ein milder (jung) bis würziger (älter) Rohmilchkäse, der die Grundlage für zahlreiche regionale Rezepte bildet. Gemeinsam mit dem weiter nördlich produzierten Reblochon ist der Beaufort bestens für ein traditionelles savoyardisches Abendessen geeignet, dass nach einer ersten Etappe auf der Route des Grandes Alpes den allfälligen Hunger stillt: das Raclette de Savoie.

Wenn es richtig stilvoll sein soll, werden die Pfännchen – gefüllt mit Gemüse, Wurst, Schinken, Kartoffeln und was einem sonst so in den Sinn kommt – dick mit dem würzigen Beaufort belegt. Dann kommen sie aber nicht unter irgendeinen Elektroheizer, sondern werden in einen mit glühender Holzkohle gefüllten Metallbottich geschoben. Ist der Käse geschmolzen, verbreitet er sein grandioses Aroma.

Beaufort und Reblochon gehören zum traditionellen Raclette de Savoie.

Dazu gehört der ebenfalls traditionelle Weißwein Savoyens, der Roussette. Er zeichnet sich durch seine strohgelbe Färbung und eine Fruchtigkeit aus, die besonders mit dem Aroma des Beaufort korrespondiert. In Saisies gibt es einige rustikale Restaurants, die ein solch traditionelles Dinner anbieten.

Danach ist wohl jeder endgültig auf dieser Hochalpentour angekommen – und darf sich im nächsten Abschnitt der RDGA auf die (im Wortsinne) Höhepunkte dieser Reise freuen. ◄

Das traditionelle Raclette de Savoie wird in den Restaurants der Region zelebriert.

Route in Kurviger
CH
Rolle
Lac Léman
Vevey
Évian-les-Bains
Nyon
Yvoire
Thonon-les-Bains
Bernex
H21B0
Chevenoz
Sciez
Gex
D 902
Vou
21
Ferney-Voltaire
Loisin
F
La Baume
Abondance
Bellevaux
Bellevue
Machilly
Saint-Jean-d'Aulps
101
105
Morgins
Cologny
D 902
103
Col des Gets 1.163 m
Bogève
Genf
CH
Morzine
Nangy
Les Gets
Saint-Julien-en-Genevois
Mieussy
D 18
Taninges
La Roche-sur-Foron
Bonneville
Cluses
Sixt-Fer-à-Cheval
Thorens-Glières
D 4
Le Reposoir
Col de la Colombière 1.613 m
Luzier
Entremont
La Grand-Bornand
Sallanches
D 1506
Saint-Jean-de-Sixt
Passy
Servoz
Cham
Annecy
La Clusaz
N 205
Seynod
Col des Aravis 1.487 m
Saint-Gervais-les-Bains
Thônes
Lac d'Annecy
D 16
La Giettaz
Megève
Manigod
D 41
Talloires
D 909
Flumet
Mont Blanc 4.807 m
Crest-Voland
Montmin
D 912
D 1212
F
Col des Saisies 1.650 m
D 42
Ugine
Les Saisies
Hauteluce
Beaufort
Thénésol
Cormet de Roselend 1.967 m
La Motte-en-Bauges
D 12
Arêches
Col du Méraillet 1.605 m
Lac de Roselend
Albertville
D 902
D 1090
Cormet d'Arêches 2.111 m
Bourg-Saint-Maurice
Séez

145 km 3,5 h 1–2 T

ROADBOOK

Thonon-les-Bains, La Baume, Les Gets, Taninges, Cluses, Le Reposoir, Le Grand-Bornand, Saint-Jean-de-Sixt, La Clusaz, La Giettaz, Flumet, Les Saisies, Beaufort.

CHARAKTERISTIK

Ein guter Einstieg in die **Route des Grandes Alpes** ist dieser rund 145 Kilometer lange Abschnitt von Thonon-les-Bains nach Beaufort auf der Originalstrecke. Dabei werden auch diese ersten vier Pässe überwunden:

Col des Gets (1163 m)
Col de la Colombière (1613 m)
Col des Aravis (1487 m)
Col des Saisies (1650 m).

INFO

Infos zu den Städten und Gemeinden am französischen Ufer des Lac Léman.
destination-leman.com

SCHAUEN

Der offizielle Startpunkt der Route des Grandes Alpes wurde vor das **Rathaus** von Thonon-les-Bains gesetzt (GPS 46.373222, 6.478139).

Als kleines Heimatmuseum begeistert **Le Hameau des Alpes** (GPS 45.897004, 6.424933) in La Clusaz Groß und Klein gleichermaßen. Hier gibt es viel Wissenswertes zur Herstellung des Reblochon, zu den Anfängen des alpinen Skitourismus sowie zum Leben der Bauern zu erfahren. **lehameaudesalpes.com**

In der **Coopérative Laitiere Du Beaufortain** kann man bei einem morgendlichen Besuch alles über die Herstellung des Hartkäses erfahren – und ihn natürlich kosten (GPS 45.719462, 6.573201).
cooperative-de-beaufort.com

SCHLAFEN

Für ein wenig Luxus zu Beginn der Tour ist man im **Le Vieux Logis** in Yvoire an der richtigen Adresse. Das kleine Ensemble überzeugt mit toller Ausstattung und angenehmem Service – und natürlich der Lage!
levieuxlogis.com

Als einfaches Drei-Sterne-Haus ist das **Hôtel Côté Sud Léman** in Thonon-les-Bains mit Privatparkplatz, netten Zimmern und guter Küche alles, was es braucht, um sich auf die RDGA einzustimmen.
hotel-thonon.com

Wer ein Motorradhotel sucht, wird in Les Saisies fündig. Das **Hôtel Le Very** bietet alpine Zimmer, eine gesicherte Garage sowie ein Restaurant mit schmackhaften, lokalen Speisen der traditionellen savoyardischen Küche. **hotel-levery.fr**

In Beaufort ist man komfortabel und das Motorrad sicher untergebracht. Das **Maison Doron** wurde 2022 generalüberholt. Ein Restaurant gehört dazu, in der Bar kann der Tourtag angenehm ausklingen.
maisondoron.com

Campingplätze sind in den Alpen selten. Dennoch findet sich nahe Beaufort ein recht guter: **Camping Domelin** (GPS 45.721583, 6.563806) überzeugt nicht nur mit dem Platzangebot, sondern auch mit fest installierten Zelten oder gar Baumhäusern. **camping-beaufort.fr**

SCHLEMMEN

Bevor es in die Berge geht und das Essen deftig wird, sollte man sich zum Start der RDGA ein leichtes Fischmenü gönnen – mit Blick auf den Lac Léman. **Le Bacouni** in Yvoire (GPS 46.369837, 6.324387) ist der perfekte Ort dafür. **bacouni.com**

In Les Gets kann man sich in den Gewölben einer traditionellen Käserei – **La Fruitière des Perrières** (GPS 46.148231, 6.654720) – gleich mal intensiv mit dem Thema vertraut machen, sich in der Käseboutique eindecken oder im Restaurant feine Käsespeisen genießen.
fruitiere-lesgets.com

Seen und Berge

Wer den nördlichen Teil der französischen Alpen besucht, sollte einen Abstecher an den Lac d'Annecy einplanen. Der ist schließlich eines der schönsten Alpengewässer überhaupt.

Nach erfolgreichem Abschluss der ersten RDGA-Etappe bietet sich im Zielgebiet gleich mal eine Extrarunde an den malerischen Lac d'Annecy an. Dazu werden die tags zuvor befahrenen Pässe Col des Saisies und auch der Col des Aravis nun in Gegenrichtung überquert.

Noch vor La Clusaz ändert sich die Fahrtrichtung. Im Osten erstreckt sich die Bergkette Chaîne des Aravis, im Westen öffnet sich die D 16 zum Col de la Croix Fry. Sie bringt einen nahe an den 2 351 Meter hohen La Tournette, der majestätisch über dem malerischen Lac d'Annecy thront.

Mit Annecy wartet eine historische Perle Savoiens auf Besuch. Zu überregionaler Bedeutung gelangte der kleine Marktflecken, der im Mittelalter gewachsen war, aber erst im 13. Jahrhundert. Da ließen sich die Grafen von Genf in Annecy nieder. Als Teil des Savoyenstaats entwickelte sich das mittlerweile als Verwaltungszentrum bekannte Dorf im 15. Jahrhundert zu einer Stadt, in der Administration und Rechtsprechung eine zentrale Stelle einnahmen.

Endgültig „erwachsen" war die Seesiedlung, als der Erzbischof von Genf auf dem Höhepunkt der calvinistischen Reform Annecy als seinen Zufluchtsort auserkor und es damit zum Sitz der Genfer Diözese ernannte. Die religiösen wie auch die kulturellen Entwicklungen, die fortan in Annecy ihren Anfang nahmen, brachten der Stadt die Bezeichnung „Rom der Savoyen" ein.

Venedig der Alpen

Annecy hat sich übrigens noch einen weiteren Beinamen verdient. So, wie sich die Stadt am See heute präsentiert, darf sie wahrlich als „Venedig der Alpen" gelten. Das tiefblaue Gewässer, mithin als sauberster Binnensee Europas gerühmt, ergießt sich ins Zentrum von Annecy. Neben dem Fluss durchziehen Kanäle den Ort, etliche versehen mit Miniatur-Promenaden, über die fast alle der alten Winkel entdeckt werden können. Und während sich Angler gerne den einen oder anderen Fisch aus den Fluten ziehen, treffen sich Verliebte

Bei Talloires bildet das Ostufer mit den dahinter ansteigenden Gipfeln die Sonnenseite des Lac d’Annecy.

FRANKREICH • HAUTE-SAVOIE
GPS 45.840556, 6.213611

In der Altstadt von Annecy mit ihren Kanälen.

zum Träumen auf der „Brücke der Liebenden“ – wie es so etwas eben nur in Frankreich geben kann.

Für eine Besichtigung sollte denn auch ordentlich Zeit eingeplant werden und Kondition vorhanden sein. Der Palais de l'Ile ist einen ersten Stopp wert. Wie ein mächtiges Schiff liegt das befestigte Gebäude auf einer Insel im Le Thiou, dem kleinen Fluss, der sich als Ausfluss aus dem See ergießt und die Stadt durchschneidet. Es diente einst als Gefängnis, beherbergt heute aber das informative Stadtmuseum.

Die zahlreichen Kirchen von Annecy belegen, wie sehr sich hier das Leben einst um Religion und Macht drehte. Die Kathedrale, im 16. Jahrhundert zunächst als Franziskanerkirche errichtet, ist ein Paradebeispiel für die Verquickung kirchlicher und weltlicher Macht. Bischof Francois de Sales predigte vor den Vertretern des savoischen Senats. De Sales war zudem ein profilierter Schreiber und ist als Heiliger jetzt Schutzpatron der Journalisten und Autoren.

Heute ein Schmuckstück

Die Altstadt stammt aus der Zeit Annecys als Textilzentrum. Was heute ein Schmuckstück ist, war früher ein Arme-Leute-Viertel. In den engen Gassen und kleinen Häusern lebten die Arbeiter der umliegenden Baumwollfabriken, oft unter unwür-

AUTOREN-TIPP

Der beste Aussichtspunkt auf den Lac d'Annecy ist tatsächlich der auf 1157 Metern gelegene Scheitelpunkt des Col de la Forclaz. Hier konkurrieren auch einige Restaurants mit ihren Schauterrassen um die Gunst der nach den besten Ausblicken suchenden Gäste. Es ist sicher Geschmacksache, aber **Le Balcon de Lac** geht bei den meisten als Sieger hervor.

lebalcondulac-annecy.com
GPS 45.808423, 6.244781

digen Bedingungen. Das Quartier verkam derart, dass es kurz vor dem Abriss stand. Stattdessen wurden die Gebäude unter Denkmalschutz gestellt – und umfassend renoviert.

Auch das Schloss wäre fast den Baggern zum Opfer gefallen. Lange Zeit war es „außer Betrieb", diente zuvor über Jahrhunderte dem Militär als Basis. Und die Soldaten gingen nicht eben pfleglich damit um. Doch auch hier besannen sich die Stadtväter, renovierten das Gebäude und stellten so ein weithin sichtbares Denkmal ihrer Geschichte wieder her. Wer es besuchen möchte, muss sich aber auf einen schweißtreibenden Aufstieg gefasst machen.

Wer den See von allen Seiten kennenlernen möchte, der kann sich auf eine der Rundfahrten mit den unterhalb des Schlosses anlegenden Ausflugsschiffen machen. Von der Seeseite betrachtet lässt sich schnell feststellen, welch hohen Freizeitwert die gesamte Region bietet.

Wen es nun weiterzieht, der findet im Massif des Bauges einen vortreff-

Romantisch geht es auf der „Brücke der Liebenden" zu.

Der Palais de l'Ile war früher ein Gefängnis. Heute beherbergt er das Stadtmuseum von Annecy.

Oberhalb des Lac d'Annecy starten Gleitschirmflieger.

lichen Spielplatz. Die kleine, kaum auffindbare D 41 windet sich von Annecy aus durch die Montagne du Semnoz zum Crêt de Châtillon. Die sanft schwingende D 912 führt anschließend wieder zurück, hinab bis ans Westufer des Lac d'Annecy. Die Straße folgt dem Gewässerverlauf, der See lässt sich eigentlich komplett umrunden. In Talloires lässt es sich auf der Sonnenseite am Ostufer des Sees flanieren. Danach steht die Fahrt über den Col de la Forclaz an, die ein Leckerbissen für sich ist. Dort werden Neuankömmlinge mit einem Ausblick belohnt, der jeden Kilometer wert ist.

Nicht weit von der Passhöhe, im Schatten des 2 351 Meter hohen, den See überragenden La Tournette, gibt es aber nicht nur grandiose Aussicht zu genießen. Hier können Wagemutige ihren Aufenthalt auch gleich mit einem Paukenschlag krönen. Schließlich zählt die Gleitschirm-Absprungstelle zu den schönsten Startplätzen Europas.

Eine letzte Schlucht

Den Rückweg ins Beaufortain läutet die Anfahrt zum Col de Tamié ein. Dazu wird südlich des Sees in Faverges auf die D 12 abgezweigt. Nach dem Pass bleibt man auf halber Hanghöhe, um Albertville zu umfahren. Wem die Zeit zu knapp wird, der nimmt aus dem Arlytal die D 925 direkt nach Beaufort, verpasst dann aber das abschließende Schmankerl: die Gorges de l'Arly!

Von Ugine bis Flumet muss sich die D 1212 den wenigen Platz, den der Fluss in den Fels gegraben hat, mit dem Gewässer teilen. Etliche Galerien und Tunnel schützen vor Steinschlag. Noch vor Flumet zweigt dann die D 71A nach Crest-Voland ab, von wo aus es weiter nach Les Saisies und schließlich Beaufort geht, wo ein Tag voller Eindrücke sein beschauliches Ende findet. ◄

230 km
5 h
1–2 T

ROADBOOK

Beaufort, Les Saisies, Flumet, Col des Aravis, Col de la Croix Fry, Thones, Annecy, Crêt de Châtillon, Col de Leschaux, Talloires, Col de la Forclaz, Faverges, Col de Tamié, Ugine, Crest-Voland, Les Saisies, Beaufort.

INFO

de.lac-annecy.com

SCHAUEN

Annecy, die Präfektur der Haute-Savoie ist eine üppig blühende Stadt, die für ihre Grünanlagen, die alten Viertel, ihre Kanäle, den Insel-Palast (Palais de l'Ile) aus dem 12. Jahrhundert und für ihr Schloss bekannt ist. Im Schloss (GPS 45.897361, 6.125306) aus dem 13./14. Jahrhundert befindet sich heute ein Museum mit unterschiedlichen Sammlungen zu Kunst, Archäologie und Natur.

La Tournette ist der Hausberg über dem Lac d'Annecy und bietet viele Freizeitmöglichkeiten. In dieser Gegend gibt es auch eines der besten Paragliding-Reviere der Alpen (GPS 45.814167, 6.246889).

SCHLEMMEN

Annecy bietet reichlich Auswahl für jeden Geschmack und Geldbeutel. Wer sich etwas gönnen und dabei tollen Seeblick genießen möchte, kehrt im **Les Terrasses du Lac** ein (GPS 45.884385, 6.134455). **restaurant-les-terrasses-du-lac.com**

Ein prächtiger Ausblick auf den See eröffnet sich in der Höhenlage am Col de la Forclaz. Das Restaurant **Le Balcon du Lac** (GPS 45.808472, 6.244750) hält passend zum Namen eine großartige Aussichtsterrasse bereit, auf der es sich ein Pausensnack bei gutem Wetter gleich doppelt so gut genießen lässt.

lebalcondulac-annecy.com

Route in Kurviger

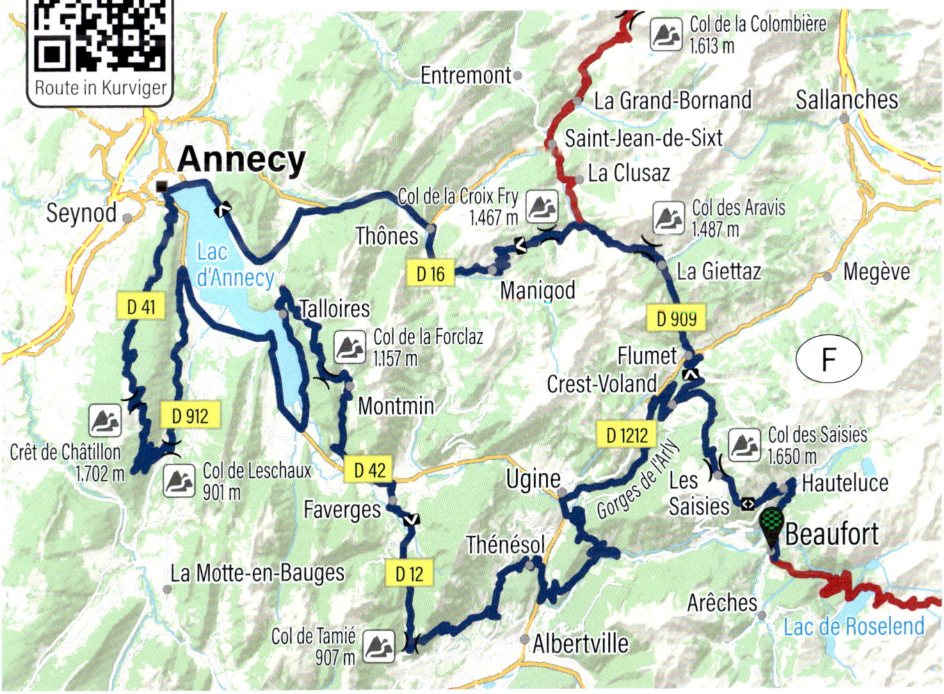

Ganz hoch hinaus

Der zweite Abschnitt der Route des Grandes Alpes zwischen dem Beaufortain und dem Maurienne-Tal führt über eine der schönsten Alpenstraßen bis aufs Dach der französischen Alpen – und eignet sich doch nicht nur für Pässefans!

FRANKREICH • SAVOIEN
GPS 45.403832, 7.032325

Die Auffahrt zum Col de l'Isèran belohnt mit dem höchsten asphaltierten Alpenpass.

Beaufort ist Ausgangspunkt der zweiten RDGA-Etappe.

Der Morgen in Beaufort kann für alle, die hier ein Nachtquartier bezogen haben, lehrreich sein. In der kleinen, nur knapp über 2000 Einwohnern zählenden Ortschaft im Département Savoie wird schmackhafter Käse produziert. Wie das genau vonstattengeht, lässt sich bei einem frühen Besuch in der Coopérative Laitiere Du Beaufortain besichtigen (siehe Autoren-Tipp). Früh deshalb, weil die gut 180 der Kooperative angeschlossenen Landwirte ihre feine Bergmilch morgens abliefern, die umgehend zu Käse verarbeitet wird. Für die aufschlussreiche Führung sollte man allerdings des Französischen mächtig sein …

Eine kleine Picknick-Ausstattung mit Beaufort-Käse, der übrigens nur in wenigen Geschäften der Region verkauft wird und damit eine echte lokale Spezialität ist, etwas Brot, vielleicht frischen Tomaten und Zwiebeln sowie ein paar Kaltgetränken sind jedenfalls eine gute Idee für den weiteren Tourverlauf.

Für die anschließenden Kilometer über die Cormet de Roseland sollte man sich ausgiebig Zeit nehmen. Es bietet sich der eine oder andere Abstecher zu Fuß in die wild-romantische Landschaft an, etwa zur Erfrischung in einem klaren, aber kalten Gebirgsbach. Und zu alledem ist sie auch noch eine der schönsten Alpenstraßen, die Frankreich aufweist.

Kurze Wintersperre

Die Wintersperre auf dem 1968 Meter hohen Pass gilt zumeist nur von Dezember bis April, also relativ kurz für die sonstigen Verhältnisse in den französischen Hochalpen. Zu verdanken haben wir die meisterliche Streckenführung, wie nicht selten in den Alpen, einer ehemaligen Großbaustelle. Der so wunderbar türkis im Sonnenlicht schimmernde Lac de Roselend ist nämlich ein erst in den 1950er Jahren errichteter Stausee, die jetzige Straße an ihm vorbei und über den Pass wurde zunächst als Zufahrt zur Baustelle angelegt. Zwar bestand von Osten her eine Auffahrt auf die Passhöhe, die war aber bis 1960 nicht mit dem Beaufortain verbunden.

Kurz vor dem Chalet de Roseland zweigt eine kleine Uferstraße zur Sperrmauer ab. Unmittelbar nach dem Abzweig befindet sich der Scheitel des Col de Méraillet, der aber nicht Teil der RDGA ist. Die Strecke verläuft weiter am See entlang und mündet dann in die Südrampe des Col du Pré ein. Der schmale, durchgehend asphaltierte Pfad führt über eine auf 1703 Metern liegende Passhöhe mit Traumpanorama nach Arêches – und damit zu einer für Schotterfans interessanten Alternative zur Cormet de Roselend: der Cormet d'Arêches.

Die in weiten Teilen unbefestigte Route verläuft parallel und westlich zur RDGA, mündet dann aber nach

AUTOREN-TIPP

Eine Besichtigung der **Coopérative Laitiere Du Beaufortain** bietet sich an, wenn man in Beaufort übernachtet hat - oder zumindest am frühen Vormittag den Ort erreicht. Eine Führung zeigt an drei Tagen der Woche (Di - Do) die Produktion des schmackhaften Käses, von dem ein Stück auch gleich als Snack ins Gepäck wandert. Ganzjährig geöffnet, Führung 2 Euro p.P.

cooperative-de-beaufort.com

GPS 45.719475, 6.573235

Selbst bei schlechtem Wetter zeigt sich die Landschaft des Beaufortain geradezu mysthisch.

Eine rote Telefonzelle thront über dem Lac de Roselend.

einigen durchaus herausfordernden Abschnitten und knapp 30 spannenden Kilometern, die bis auf 2108 Meter ansteigen, in die D 86, die schließlich in Bourg-Saint-Maurice wieder auf die Originalstrecke führt. Wer auf dieser verblieben ist – die übrigens ab der Roselend-Passhöhe wieder D 902 als Bezeichnung führt –, kann die wunderbare Gebirgswelt rund um den Pass ausgiebig erforschen, etwa bei einer Wanderung zur neuesten Attraktion: einer roten Telefonzelle auf 2000 Metern!

Zum Abschluss dieser wunderbaren Alpenstraße wird man noch mit einem Kehrenfeuerwerk hinab nach Bourg-Saint-Maurice belohnt. Hier hat man die Savoyer Alpen hinter sich gelassen und fährt nun in das zu weiten Teilen von einem prächtigen Nationalpark geschützte Vanoise-Massiv hinein. Die von über 40 Dreitausendern geprägte Hochgebirgsregion dehnt sich auf 528 Quadratkilometern aus. Davon sind noch etwa ein Zehntel vergletschert. Kein Wunder, dass sich die durch dieses Gebiet kämpfende Route des Grandes Alpes hier des höchsten asphaltierten Alpenübergangs bedienen muss, um diese Gebirgsbarrikade zu überwinden: des Col de l'Isèran.

Pass mit Charakter

Zuvor zweigt in Seéz die Anfahrt zum Col du Petit Saint-Bernard (in unseren Breiten auch Kleiner Sankt Bernhard Pass genannt) ab, der auf 2188 Metern nach Italien weiterführt. Hin- und Rückfahrt sind ein netter Abstecher. Der Anfahrt nach Val-d'Isère kann man Passstraßen-Charakter attestieren, weist sie doch Steigungen bis 12 Prozent auf.

Die Angebote des bekannten Wintersportortes sollten auf jeden Fall für eine Pause genutzt werden. Auch lässt sich hier noch schnell das Bergwetter überprüfen, bevor man sich an den Anstieg zum Col de l'Isèran macht. Fast 1000 Höhenmeter stehen auf den nächsten 15 Kilometern an – sicher ein ganz besonderer Moment für Erstbezwinger.

Wenn das Wetter mitspielt, bieten sich am Pass selbst traumhafte Ausblicke auf eine Gletscherwelt, wie sie in dieser Intensität selten geworden ist in den Alpen. Allerdings entpuppt sich der Col de l'Isèran häufig als Wetterscheide, so dass in dieser Höhenlage mit schnellen Wechseln stets zu rechnen ist.

Den Col de l'Isèran zu erklimmen ist für Motorradfahrer ein Traum.

Es ist also auch ein kleines Abenteuer, eine Fahrt über die Nordrampe auf die 2770 Meter hoch gelegene Passhöhe des Col de l'Isèran. Ihn zu erklimmen und dort einer hoffentlich strahlenden Sonne ins Gesicht zu blicken ist für jeden Motorradfahrer ein Traum. Als Lohn für die Mühe ergibt sich auf dem Scheitel mit der Natursteinkapelle Notre-Dame de Toute Prudence ein attraktives Fotomotiv, das in keiner Pässesammlung fehlen sollte.

Nach den wilden Kehren der Südrampe sollte man unbedingt auf einen Kaffee und vielleicht einen deftigen Snack im urig-hübschen Alpendorf Bonneval-sur-Arc einkehren. Es zählt zu Frankreichs schönsten Dörfern, wozu sicher auch die massiven

Mit 2770 Metern ist der höchste asphaltierte Alpenpass erreicht. Dem Himmel so nah …

Der Ort Bonneval-sur-Arc ist als Denkmal geschützt.

Natursteinhütten mit ihrem ganz eigenen alpinen Charakter beitragen. Zum Glück ist es von den Auswüchsen des Wintersports verschont geblieben, obwohl es in der kalten Jahreszeit ein beliebtes Ski-Resort ist. Allerdings steht Bonneval-sur-Arc in Gänze unter Denkmalschutz. So musste der Skizirkus auf ein Gelände auf der anderen Seite der Route des Grandes Alpes ausweichen.

Von hier aus geht es auf dem zuletzt fertiggestellten Abschnitt der ursprünglichen RDGA, der erst 1937 die endgültige durchgehende Verbindung zwischen Genfer See und Mittelmeer sicherstellte, ziemlich entspannt der Maurienne entgegen. Rechter Hand türmen sich die Gipfel des Nationalparks Vanoise auf, linker Hand verläuft die Grenze zu Italien stets parallel. Ein paar Abstecher locken zudem.

Knackige Auf- und Abfahrt

Wem es zeitlich in sein Vorhaben passt, der sollte in Lanslevillard kurzerhand links abbiegen und noch den 2083 Meter hohen Col du Mont Cenis ansteuern. Dessen Scheitel liegt wenige Meter vor dem malerischen Lac du Mont Cenis, einem sehenswerten Gebirgsgewässer. Auch, wenn es dieselbe Strecke ist: Die knackige Auffahrt vom wie auch die Abfahrt zurück ins Arc-Tal mit ihren prächtigen Ausblicken auf das Vanoise-Massiv sind die gut 20 Mehrkilometer wert.

Wer einsame Bergwelt liebt, darf sich dem steilen und ebenfalls mit einigen knackigen Kehren gesegneten Stich von Val-Cenis hinauf zur Pforte des Nationalparks Vanoise hingeben. Die sonnige Terrasse der Almhütte Auberge de Bellecombe ist zusätzlich einladend.

Kultur hat dieser Abschnitt der Route des Grandes Alpes zum Ende hin auch im Angebot. Bei Sollières nimmt man dazu kurz die D 83 und folgt etwas später den Hinweisen zum Monolithe de Sardières. Die Strecke bietet ein berauschendes Panorama, und der 93 Meter hohe Monolith, der sich mitten im Wald erhebt, ist ein Naturjuwel.

In Aussois reihen sich diverse historische Festungen wie Perlen auf der Schnur über der Gegend auf. Barrière de l'Esseillon hieß diese Verteidigungslinie. Sie sind sardischen Ursprungs und verweisen auf die oft verzwickte politische Lage im einstigen Königreich Savoyen.

Dem weiteren Verlauf der RDGA folgend, zweigt die Route schließlich in Saint-Michel-de-Maurienne links ab und verabschiedet sich aus diesem Tal. Somit bildet der Ort einen guten Ausgangspunkt für eine Extrarunde (S. 82ff), die nach zwei Übernachtungen verlangt. Die passende Infrastruktur ist jedenfalls vorhanden – oder etwas weiter in Valloire. ◀

AUTOREN-TIPP

Die **Barrière de l'Esseillon** bei Aussois sollte als Verteidigungslinie für das im 19. Jahrhundert zu Sardinien gehörende Savoyen ursprünglich aus fünf Forts bestehen. Es wurden aber nur vier fertiggestellt. Zwei sind restauriert und dienen als Restaurant sowie Jugendherberge. Die beiden anderen sind in unterschiedlichen Verfallsstadien erhalten, aber frei zugänglich.

haute-maurienne-vanoise.com

GPS 45.211487, 6.736291

Neben der Strecke zum Pass lohnt der Lac du Mont Cenis die Extrakilometer.

ROUTE DES GRANDES ALPES ETAPPE 2

160 km
3,5 h
1 – 2 T

ROADBOOK

Beaufort, Bourg-Saint-Maurice, Seéz, Val d'Isère, Bonneval-sur-Arc, Bessans, Lanslevillard, Lanslebourg-Mont-Cenis, Modane, Saint-Michel-de Maurienne.

CHARAKTERISTIK

Mehr als diese zwei Pässe auf der gut 160 Kilometer langen Etappe sind gar nicht nötig, um Fan der französischen Alpen zu werden: **Cormet de Roselend (1968 m) Col de l'Isèran (2770 m).**

INFORMATION

Die touristische Webseite der Region bildet das attraktive alpine Angebot ab: **savoie-mont-blanc.com**

SCHAUEN

Die rote Telefonzelle **Belvédère de la cabine téléphonique insolite** ist die jüngste Attraktion am Lac de Roselend (GPS 45.690085, 6.655855). Aufgestellt hat sie auf gut 2000 Metern Höhe ein Senner, der damit einen augenzwinkernden Hinweis geben möchte, dass dies einer der wenigen Orte heutzutage ist, an denen es kein Netz gibt. Etwa 20 Minuten Fußweg vom Refuge Plan-Mya. Das ist übrigens ein empfehlenswerter kulinarischer Stopp.

Der **Monolithe de Sardières** (GPS 45.247802, 6.768281) ist eine rund 93 Meter hohe Felsnadel, die nur wenige Meter von der Zufahrt entfernt bei Sardières einsam in einem Wald steht. Das kompakte, harte Kalkgestein hat der Erosion über Jahrtausende getrotzt.

SCHLAFEN

Neben charmanten Zimmern und einem guten Restaurant bietet das kleine **Hotel Savoy** (GPS 45.216697, 6.473130) in Saint-Michel-de-Maurienne einen nicht ganz unwichtigen Service: eine geschlossene, überwachte Garage für Motorräder. **savoy-hotel.fr**

Mit 21 Zimmern ist das Hotel **Le Marintan** (GPS 45.212282, 6.478019) am Ortseingang von Saint-Michel-de-Maurienne überschaubar, vor fügt aber ebenfalls über sichere Plätze für Motorräder. Zum Haus gehört auch ein Campingplatz, auf dem einige ziemlich komfortable Mobilhomes und Chalets gebucht werden können. **le-marintan.com**

Wer noch bis Valloire weiterfährt, kann auch dort aus dem Vollen schöpfen. Der Ort ist im Winter wie im Sommer touristisch aktiv. Hier bietet sich das beliebte **Hotel Christiania** (GPS 45.216697, 6.473130) mit seiner zentralen Lage an. Pluspunkte sind auch Bar, Brasserie sowie das sehr gute Restaurant. **christiania-hotel.com/de**

Im Herzen von Vallore bietet sich das **Hotel Aiguille Noire** (GPS 45.166010, 6.4298591) vor allem Motorradfahrern an. Die Bikes stehen gut geschützt in eigenen Garagen. Es gibt zwar kein Restaurant, aber fußläufig ist viel zu erreichen. **hotel-aiguille-noire.com**

SCHLEMMEN

Nur wenige Meter abseits der Cormet de Roselend befindet sich die kleine, über eine nicht asphaltierte Zufahrt erreichbare Berghütte **Refuge Plan-Mya**. Neben traditioneller Hochgebirgsküche bieten die Betreiber auch eine französische Delikatesse, die sie selbst züchten: Schnecken. **refuge-mya.com**

Das **Restaurant La Cabane** (GPS 45.371966, 7.047495) liegt mitten im Denkmal geschützten Bergdorf Bonneval-sur-Arc und bietet – wie in Frankreich üblich – ein bezahlbares Mittagsmenü mit wechselnden Gerichten. Außerdem ist es täglich durchgehend von 10 – 22 Uhr geöffnet, was hierzulande eher die Ausnahme ist. Charmant eingerichtet ist es zudem, eine Außenterrasse lockt im Sommer.

Fürs Sammelalbum

Mit gleich neun Passüberquerungen liefert diese Extratour vom Maurienne-Tal aus reichlich Höhenmeter. Und doch bleibt Zeit für die eine oder andere kleine Attraktion am Rande.

Der Galibier zählt anerkanntermaßen zu den feinsten Pässen der Westalpen. Warum sollte man ihn da nicht gleich zwei Mal befahren – und zwar einmal in jede Richtung? Und gleich noch ein paar andere feine Pässe dazu …

Für dieses Unterfangen beginnt man den „Extratag" zunächst mit zum Glück nur wenigen Kilometern durch das hier nicht sehr ansehnliche Maurienne-Tal. Im engen Raum zwischen hohen Gebirgsketten finden Industrie und Gewerbe nur wenig Ansiedlungsmöglichkeiten – und wenn, dann treten sie entsprechend geballt auf. Außerdem zwängt sich neben der Departementsstraße auch noch die A 43 Autoroute de la Maurienne durchs Tal.

Kurz hinter Saint-Julien-Mont-Denis hat der Spuk aber ein Ende und wird als nützliche Überbrückung abgehakt. Wer möchte, kann noch ein kurzes Stück weiterfahren und in Saint-Jean-de-Maurienne dem Museum des legendären Messerherstellers Opinel einen Besuch abstatten. Die Klappmesser mit dem speziellen Sicherungsring haben in Frankreich ähnlichen Kultstatus wie Solinger Klingen bei uns. Im zugehörigen Fabrikverkauf kann man sich ganz nach Gusto damit ausstatten.

Keine sieben Kilometer von hier ließen sich auch noch die Lacets de Montvernier erklimmen. Vom Ufer des Arc führen 17 extrem enge Kehren hinauf nach Montvernier. Von hier ließe sich über eine schmale Nebenstrecke der Col de la Madeleine erreichen. Oder man kehrt eben über die D 77 zügig zurück nach Saint-Jean.

Spektakuläre Bergstraße

Diese Extratour hingegen schwenkt nun auf die D 80 ab, die in 46 teilweise eng aufeinander folgenden Kehren zunächst dem Col de la Confrérie (1386 Meter) entgegen strebt und anschließend zum Col du Mollard (1638 Meter) weiterschlängelt, dass es eine Freude ist. Wenn sie nach gut 25 spektakulären Kilometern mit einer Brücke über den L'Avran auf die D 926, mithin die Zufahrt zum

Auf dieser Extratour bieten sich prächtige alpine Aussichten wie am Col du Glandon.

FRANKREICH • SAVOIEN
GPS 45.239606, 6.175535

Einsames Gipfelkreuz am Col du Mollard.

Col de la Croix Fer, trifft, darf man ruhig mal eine kurze Verschnaufpause einlegen und sich sammeln.

Apropos sammeln: Pässesammler werden sich im Anschluss an den 2067 Meter hohen Croix de Fer durchaus noch den Abstecher zum Col du Glandon gönnen, dessen Passhöhe auf 1924 Metern unmittelbar hinter dem Abzweig von der vorgeschlagenen Route liegt. In den vergangenen Jahren ist der Pass wegen seiner bewegten Radsport-Vergangenheit zum beliebten Fotomotiv mutiert, hatte man dort doch für einige Zeit ein übergroßes Fahrrad als Kunstwerk installiert.

Zurück auf der D 926 wird als Nächstes der Lac de Grand'Maison angesteuert. Zumindest im Frühsommer ist der Stausee für ein Wasserkraftwerk gut gefüllt und glitzert inmitten einer kargen Landschaft etwas verlegen in der Sonne.

Schutz des Steinbocks

Wer sich für das Tierleben des Gebirges interessiert, plant einen Stopp an der Maison du Bouquetin ein. Hier widmet man sich dem Steinbock, der im 19. Jahrhundert schon fast ausgestorben war und nun wieder vermehrt angesiedelt ist. Sein Schutz und sein Lebensraum sowie seine wissenschaftliche Überwachung im Belledonne-

AUTOREN-TIPP

Ein ganz außergewöhnliches Museum steht am Ufer des Lac du Verney: das **Musée EDF Hydrélec**. Es stellt die Geschichte der Verstromung von Wasser dar, nicht zuletzt anhand etlicher historischer Maschinen, die das Unternehmen in weiser Voraussicht in den 1970ern vor der Verschrottung bewahrte. Die Museumsidee wurde erst Mitte der 1980er Jahre umgesetzt und 2014 mit einem Neubau gekrönt. Geöffnet Di – Sa, Eintritt frei.

musee-edf-hydrelec.com
GPS 45.146407, 6.049737

Massiv sind Themen, die hier bei freiem Eintritt präsentiert werden.

Kurze Zeit später ist bereits der zweite Bergsee erreicht. Am Lac du Verney zweigt nun zunächst die D 44 ab und von dieser die D 448. Diese schmale Straße führt um das Bergmassiv herum nach Huez, und damit zu einer weiteren Tour de France-Legende. Zuvor muss aber der nur mäßig beschilderte, 1542 Meter hohe Pas de la Confession bezwungen werden. In einem 90-Grad-Knick gibt es eine kleine Parkbucht. So lässt sich von hier aus der Blick tief hinab nach Le Bourg-d'Oisans genießen.

Auf der letzten Handvoll der gut ausgebauten Serpentinen, an der sich schon mache der großen Frankreich-Schleifen entschied, geht es nun auf der D 211 bergwärts, nach L'Alpe d'Huez. Der Skiort macht im Sommer nicht viel her, seine Bausünden erinnern dafür sehr daran, wie massiv der Mensch im letzten Jahrhundert in die alpine Welt eingegriffen hat. Viele wenden hier und fahren hinab nach Le Bourg-d'Oisans. Dabei schließt

Am Stausee Lac de Grand'Maison.

Die Landschaft ist eindeutig der Star am Col de Sarenne.

Ein Kaffeestopp am Col du Lautaret sollte drin sein.

sich hinter dem Heliport der Bergrettung verborgen und unscheinbar die Zufahrt zu einem Pass an, den selbst erfahrene Frankreich-Reisende nur selten auf ihrer Liste haben.

Wesentlich ruhiger geht es daher zu, wenn man sich vom wie ausgestorben wirkenden Skiort auf den schmalen Pfad zum Col de la Sarenne begibt. Einzig Wanderer sind hier anzutreffen, die den motorisierten Reisenden wohlwollend betrachten – solange dieser sich angemessen verhält. Auf dem nur als Wirtschaftsweg ausgelegten Teilstück zum Pass herrscht stellenweise Tempo 30. Halbmeter tiefe Wasserrinnen mahnen ohnehin zur Vorsicht. Die Aussicht tut ein Übriges, um den Schnitt dramatisch zu verringern. Der Star ist hier ganz klar die Landschaft.

Umso schöner ist dann der Rutsch von der Passhöhe hinab ins Tal. In engen Serpentinen windet sich die Straße bergab, hier und da den Blick auf gigantische Wasserfälle und steile Felswände freigebend, bis bei Mizoën der Lac du Chambon erreicht ist. Da ist es schon erholsam, bei der Anfahrt auf der D 1091 zum Col du Lautaret auf nichts weiter achten zu müssen als auf den Verkehr.

Dritthöchster Alpenpass

Von hier aus nimmt die Route Anlauf zum Col du Galibier, mit 2645 Metern der zweithöchste Punkt der RDGA, der dritthöchste asphaltierte Alpenpass und einer der legendären Tour-de-France-Anstiege. Über Valloire und den Col du Télégraphe geht es zurück ins Maurienne-Tal, den Ausgangspunkt dieser Extratour.

Am nächsten Tag lässt sich dann eindrucksvoll feststellen, wie unterschiedlich ein Pass abhängig von der gewählten Fahrtrichtung sein kann. Denn mit dieser verändert sich auch die Blickrichtung. Und das liefert jede Menge neuer Eindrücke. ◂

190 km
4,5 h
1 T

ROADBOOK

Saint-Michel-de-Maurienne, Saint-Julien-Mont-Denis, Albiez-Montrond, Saint-Sorlin-d'Arves, Le Verney (Allemond), L'Alpe d'Huez, Mizoën, La Grave, Valloire, Saint-Michel-de-Maurienne.

INFORMATION

maurienne-tourisme.com · oisans.com

SCHAUEN

Das **Musée Opinel** in Saint-Jean-de-Maurienne (GPS 45.277763, 6.347483) zeigt die Geschichte dieser auch als Geschenk beliebten Kultmesser aus Savoien. Ganzjährig geöffnet, Eintritt frei.

opinel.com/de

In der **Maison du Bouquetin** (GPS 45.202253, 6.040201) wird Wissenswertes über den Steinbock vermittelt. Wie kaum eine andere Art steht dieser für den alpinen Lebensraum. Juni, September, Oktober geöffnet Sa/So, Juli und August täglich, jeweils von 11.15 bis 16.45 Uhr. Eintritt frei.

oisans.com/patrimoine-culturel

SCHLEMMEN

Im Garten oder auf der Sonnenterrasse der **Auberge La Douce Montagne** (GPS 45.128875, 6.039386) in Allemond lassen sich leckere frische Salate und ein günstiger Mittagstisch (formule midi) genießen.

ladoucemontagne.com/de

Das **Restaurant-Bar de la Ferme** (GPS 45.034838, 6.4047148) liegt gleich neben dem Nationalparkhaus des Ecrins Nationalparks und hat sich als sonniger Bikertreff am Col du Lautaret etabliert. Auch der sehenswerte botanische Garten Jardin du Lautaret ist von hier aus fußläufig erreichbar.

cafedelaferme-lautaret.fr

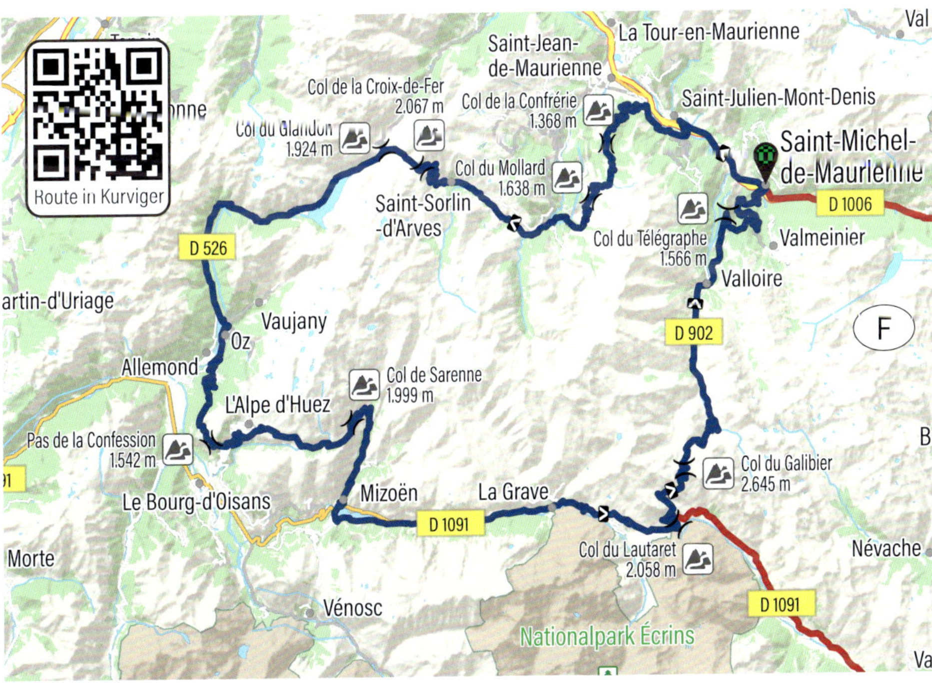

Gourmet-Landschaft

Die abwechslungsreichste Etappe führt über eine Tour-de-France-Legende und durch eine faszinierende Mondlandschaft. Auch die dabei durchquerten Alpentäler mit ihren Gewässern sind nicht zu verachten.

Die von Erosion geprägte Südrampe des Col d'Izoard.

FRANKREICH • HAUTES-ALPES
GPS 44.807661, 6.736333

Besichtigung der Barockkirche in Valloire.

Mit wilden Schwüngen lädt der 1566 Meter hohe Col du Télégraphe zu vergnüglicher Eroberung ein. Unmittelbar an der Passhöhe, an der ein überdimensionales Holzschild auf sich aufmerksam macht, gibt es einen kleinen Abzweig. Der Stich führt als reiner Wanderweg in einer guten Viertelstunde hinauf zum Fort du Télégraphe – ein Abstecher, der schon wegen der phänomenalen Ausblicke aufs Maurienne-Tal und die Gipfel des Encombres-Massivs lohnt.

Auf dem folgenden Abschnitt verliert die Route zunächst wieder an Höhe, immerhin gute zehn Prozent auf knapp über 1400 Meter. Die sind in Valloire, dem Tor zum nächsten Highlight – dem Galibier-Pass – erreicht. Der Ort ist eine empfehlenswerte Übernachtungsalternative, möchte man nicht in Saint-Michel-de-Maurienne verweilen. Auch kulturell hat er einiges zu bieten, zählt die kleine Gemeinde doch zu den barocken Perlen der Region Auvergne-Rhône-Alpes, die als Verwaltungseinheit hier ihr südliches Ende findet.

Barocke Baukunst

Das sehenswerteste Beispiel barocker Baukunst ist die Kirche Notre Dame de l'Assomption mitten im Ort. Das im typischen Stil des 17. Jahrhunderts ausgeschmückte Gotteshaus ist mehr als nur einen kurzen Blick wert. Wer sich für weitere solcher Bauten begeistern kann, findet in der näheren Umgebung noch anderthalb Dutzend Kapellen aus jener Zeit. Notre-Dame de Bon Secours in Tigny ist ein herausragendes Beispiel.

Wer dem Vorschlag für einen Abstecher gefolgt ist (S. 82ff), ist tags zuvor bereits von Süden her über den Col du Lautaret zum Col du Galibier und weiter ins Maurienne-Tal gefahren. Nun gilt es diese Strecke in Gegenrichtung zu bewältigen. Dabei verdoppelt sich die Höhe ab Valloire bis zum Galibier-Pass fast. Während der folgenden 25 Kilometer mit der Galibier-Passhöhe von 2645 Metern als Zwischenziel wechseln nicht nur die Regionen, sondern gleich das Gebirge: Es geht von Auvergne Rhône-Alpes hinein nach Provence-Alpes-Côte d'Azur und damit von den Hoch- in die Seealpen.

Gute zehn Kilometer folgt die Strecke dem Verlauf des Gebirgsbaches La Valloirette bis zu einer kleinen Steinbrücke, die inmitten der ersten Kehre liegt. Danach folgen ein gutes Dutzend weiterer, über die sich die RDGA immer höher ins Gebirge schraubt. Wer zur Passhöhe möchte, darf aber den Abzweig vor dem Tunnel nicht verpassen.

AUTOREN-TIPP

Eine Wanderung zum **Fort du Télégraphe** ist ziemlich lehrreich. Entlang der Strecke und am Fort erzählen zahlreiche Hinweise die militärische Geschichte der Festung. Für den Blick auf die über dem Maurienne-Tal aufragenden Berggipfel wurden Stehlen mit allen wichtigen Infos errichtet. Täglich geöffnet von Mai bis Oktober, Zutritt frei, Führungen (Juli/August) 6 Euro p.P.

fortdutelegraphe.fr

GPS 45.210479, 6.445444

Der Col du Lautaret markiert in dieser Fahrtrichtung den Endpunkt der bereits 1876 erbauten Galibierstraße. Von hier aus ist Briançon, die markante Festungsstadt, wiederum-

Henri Desgrange, dem „Vater" der Tour de France, ist am Col du Galibier dieses Denkmal gesetzt.

Regionale Köstlichkeiten gibt es am Col du Lautaret.

bald erreicht. Dabei wird das recht breite Tal der Guisane durchquert. Dem teils wilden Gewässer kommt man vor allem in den wenigen Dörfern entlang der Strecke nahe. Eines davon heißt La Salle des Alpes (der Saal der Alpen) – das sagt doch wohl alles über die prächtige Umgebung.

Ein Großbrand zerstörte in Briançon zum Ende des 17. Jahrhunderts die heutige Oberstadt. Wegen ihrer strategisch wichtigen Lage zu Italien wurde der schon zu Lebzeiten renommierte Festungsarchitekt Vauban mit ihrem Neuaufbau betraut. Er ließ ein Festungssystem errichten, das neben der Oberstadt und einer Zitadelle auch mehrere kleinere Festungen umfasst und bis heute Bestand hat (S. 114/115). Einen Eindruck von der massiven Befestigung erhält, wer sich über eines der Stadttore Zutritt (oder enge Zufahrt) zur Oberstadt verschafft, etwa über die Porte Dauphiné oder die parallele Porte de Pigneron. Der Kern der Festung ist dann Fußgängern vorbehalten.

Landschaftliche Dramatik

In Briançon zweigt allerdings auch die Zufahrt zu einem der, wenn nicht dem schönsten Pass der französischen Alpen ab, dem Col d'Izoard. Zwar erreichen seine 2 360 Meter nicht die luftigen Höhen der Vorgänger an der RDGA, dafür ist er an landschaftlicher Dramatik kaum zu übertreffen.

An der Nordrampe baut sich das Geschehen um einen herum langsam auf. Ein alpines Hochtal ist über Kilometer malerischer Hintergrund für die Fahrt. Mit Erreichen der Waldflächen kommen auch die Kehren und Kurven ins Spiel, die den Izoard so überaus unterhaltsam machen. Am Refuge Napoléon wachsen sich die Kurven zu extrem weiten Schwüngen, eingebettet in einen Gebirgslandschaftstraum, aus.

Um den eingehend zu genießen, lohnt auf jeden Fall ein Stopp an der auch historisch interessanten Herberge. Als Napoléon 1815 aus dem Exil in Elba zurückkehrte und zu seinem Triumphmarsch auf Paris unterwegs war, beeindruckte ihn der überaus herzliche Empfang in Gap derart, dass er dem Département Hautes-Alpes eine großzügige Summe zukommen ließ. Diese wurde umgehend in den Bau von sechs Schutzhütten an wichtigen Alpenübergängen gesteckt.

Auf dem Col d'Izoard, dem Col d'Agnel, dem Col Vars, dem Col Lacroix, dem Col Noyer und dem Col Manse entstanden so ein halbes Dutzend Refuge Napoléons, von denen vier noch immer in Betrieb sind. Und das wohl schönste befindet sich eben am Col d'Izoard.

Nach der Passhöhe des Col d'Izoard geht der Traum erst richtig los ...

Auf der Passhöhe steht eine Bruchsteinsäule, die nicht nur die Höhenangabe des Passes ziert, sondern auch eine Erinnerungsplakette an die Entstehung der Route des Grandes Alpes. Und dann geht der Traum erst richtig los ...

Völlig unvermittelt wird aus dem bis dato grün gefärbten Saum der Straße eine Art Mondlandschaft mit dem bezeichnenden Namen Casse Déserte. Der sonst solide Fels ist hier

Im Sommer ist das Refuge Napoléon am Col d'Izoard ein beliebter Anlaufpunkt.

Das Bergdorf Saint-Véran muss zu Fuß erkundet werden.

verwittert, Niederschläge haben eine unwirkliche, zerstörerische Kraft entfaltet. Der Abraum liegt wie eine graue Pulverschicht über den Mulden und Senken, aus denen Felsnadeln herausragen. Und mittendurch verläuft die Route des Grandes Alpes.

So abrupt, wie der Spuk begonnen hat, findet er im Queyras sein Ende. Bevor es an den Schlussspurt auf diesem Teilstück geht, sei hier noch ein Abstecher nach Saint-Véran empfohlen. Mit seiner Höhe von 2040 Metern ist der malerische Ort die höchstgelegene, politisch selbständige Gemeinde Europas. Das gesamte Gemeindegebiet erstreckt sich von 1756 bis 3175 Meter. Neben einer denkmalgeschützten Kirche sind rund 20 Wandsonnenuhren aus der Renaissancezeit an Fassaden über das ganze Dorf verstreut zu entdecken. Einziger Nachteil: Von einem tiefer liegenden Parkplatz aus muss man das alpine Kleinod zu Fuß erobern. Doch ein ganz wunderbares Bergrestaurant mit exquisiter, traditioneller Hochgebirgsküche entschädigt für diese Mühe.

Vauban-Festung Queyras

Wen die nicht immer friedfertige Geschichte dieser Alpenregion interessiert, der findet in Château-Ville-Vieille mit dem Fort Queyras eine weitere Festungsanlage von Bedeutung. Seit dem 13. Jahrhundert thront sie auf einem Hügel über der Guil. Sie war immer wieder Schauplatz kriegerischer Auseinandersetzungen, so auch 1695, als die Burg zwar den Angriffen der savoyischen Truppen widerstand, aber das Dorf teilweise zerstört wurde. Danach stattete Baumeister Vauban auch diese Anlage mit nahezu uneinnehmbaren Befestigungen aus.

Zwischen Château-Ville-Vieille und Guillestre verläuft zunächst die Combe du Queyras, eine gut zwölf Kilometer lange, enge und malerische Schlucht, die von der RDGA durchzogen wird. Ein letzter Pass, der 2109 Meter hohe Col du Vars, und bald darauf ist mit Barcelonnette das Ziel dieser rund 175 Kilometer währenden Hochalpen-Etappe erreicht.

Der schmucke Ort ist erste Wahl, wenn es um einen Übernachtungsplatz entlang der Route geht. Die Hotelauswahl ist gut, auf dem Place Manuel herrscht buntes Treiben – auch, weil ein paar sehr nette Restaurants ihn säumen. Das interessante Heimatmuseum ist zudem einen Besuch wert (S. 116/117).

Von hier aus lassen sich gleich mehrere Zusatzetappen einlegen, etwa zum 2715 Meter hohen Col de la Bonette mit seiner 2802 Meter hoch gelegenen Gipfelrunde. Eine Anleitung dazu gibt es im folgenden Kapitel – noch vor dem letzten Abschnitt der Route des Grandes Alpes. ◄

AUTOREN-TIPP

Mit knapp 30 Kehren, die am Kilometerstein 48 von der D 902 steil hinauf nach Les Escoyères führen, ist schon die Zufahrt zur **Chapelle Sainte Marie-Madeleine** ein Genuss. Die kleine Kapelle weist zwei Türstürze auf, die offenbar von den Überresten eines römischen Mausoleums stammen. Die letzten Meter muss man sich erwandern – und den Ausblick genießen!

archeodyssee.fr

GPS 44.716052, 6.738857

Am satten Grün rund um den Col du Vars zeigt sich, dass die wärmeren Seealpen erreicht sind.

Route in Kurviger
Saint-Michel-de-Maurienne
Modane
Col du Télégraphe 1.566 m
Valloire
D 902
Vaujany
Oz
Allemond
L'Alpe d'Huez
Bardonecchia
I
Salbertrand
Col du Galibier 2.645 m
F
Bourg-Oisans
Mizoën
La Grave
D 1091
Oulx
Parco n del Gra di Salb
Col du Lautaret 2.058 m
Vénosc
Le Monêtier-les-Bains
Val-des-Prés
Cesana Torinese
Sestrie
Saint-Christophe-en-Oisans
La Salle-les-Alpes
Saint-Chaffrey
N 94
Montgenèvre
Nationalpark Écrins
Briançon
Cervières
Prelles
Vallouise
La Chapelle-en-Valgaudémar
Col d'Izoard 2.360 m
Arvieux
Aiguilles
La Roche-de-Rame
Château-Queyras
La Motte-en-Champsaur
Molines-en-
Saint-Vér
D 902
Serre-Eyraud
Guillestre
Ceillac
N 85
Ancelle
Saint-Marcelin
Vars
Saint-André-d'Embrun
Saint-Apollinaire
Embrun
Gap
D 942
Montgardin
Crots
Col de Vars 2.109 m
Les Prats
Lac de Serre-Ponçon
Avançon
Savines-le-Lac
Saint-Paul-sur-Ubaye
Pontis
Rousset
Le Sauze-du-Lac
La Condamine-Châtelard
Meyronnes
Lettret
La Bréole
D 900
Le Lauzet Ubaye
Jausiers
Bréziers
D 900
Montclar
C 1
Barcelonnette

175 km
4 h
1–2 T

ROADBOOK

Saint-Michel-de-Maurienne, Briançon, Arvieux, -> Fort Queyras, Guillestre, Vars, Saint-Paul-sur-Ubaye, Jausiers, Barcelonnette.

CHARAKTERISTIK

Das Mittelstück der Route des Grandes Alpes weist auf seinen knapp 175 Kilometern diese fünf grandiosen Pässe auf:
Col du Télégraphe (1566 m)
Col du Galibier (2 645 m)
Col du Lautaret (2 058 m)
Col d'Izoard (2 360 m)
Col de Vars (2 109 m).

INFORMATION

Anregungen zuhauf bietet die deutschsprachige Webseite des Departements:
hautes-alpes-tourismus.de

SCHAUEN

Das vom bekannten Festungsbaumeister Vauban um 1700 stark ausgebaute **Fort Queyras** (GPS 44.755988, 6.789514) ist ein Paradebeispiel für das Werk des umtriebigen Architekten. Aktuelle Öffungszeiten liefert die Webseite. **fortqueyras.fr**

Eine Ansammlung von Forts, Festungen und Waffenstellungen steht bei Saint-Paul-sur Ubaye oberhalb des Flussbetts wie an den Hang geklebt: die **Forteresse de Tournoux - Batterie des Caurres** (GPS 44.468841, 6.753505).
ubaye.com

Im **Musée de la Vallée** von Barcelonnette erfährt man alles zur mexikanischen Verbindung des Ortes (GPS 44.387681, 6.655265). Zurückgekehrte Auswanderer haben das Bild des Ortes einst völlig umgekrempelt. Außerdem gibt es im Museum einige interessante Kunst- und Fotografiesammlungen zu betrachten. **museedelavallee.fr**

SCHLAFEN

Wer sich seine Etappen anders einteilt, findet im hübschen **Hôtel La Ferme de l'Izoard** kurz vor Arvieux (GPS 44.781342, 6.734984) alles, was das Herz des Reisenden begehrt. Dazu gehört neben Restaurant, Schwimmbad und Spa auch eine gesicherte, große Garage.
laferme.fr/de

Erste Wahl für Motorradfahrer ist in Barcelonnette das **Le Grand Hotel** (GPS 44.387742, 6.653518). Es liegt zentral am Place Manuel und bietet vor allem eine abgeschlossene Garage kostenlos zum Zimmer. Die Unterkunft ist einfach, aber mit einer lauschigen Bar im ersten Stock und Blick aufs bunte Treiben der Stadt.
grand-hotel-barcelonnette.fr

Das Ubaye-Tal entpuppt sich vor allem westlich von Barcelonnette als Camping-Paradies. Aus der breiten Auswahl sticht **Domaine de l'Ubaye** (GPS 44.396722, 6.545833) noch heraus. **domaineubaye.fr**

SCHLEMMEN

Käse und Wurst aus eigener Produktion, dazu frisches Brot, also alles, was es für ein Picknick braucht, gibt es frisch vom Erzeuger im Bauernhof **La Ferme du Galibier** (GPS 45.078870, 6.423227) – in unmittelbarer Nachbarschaft zum Denkmal für den Radsportler Marco Pantani.

Einen Stopp sollte man am Weg zum Col d'Izoard unbedingt am **Refuge Napoléon** einplanen (GPS 44.822865, 6.732974). Die Schutzhütte aus dem 19. Jahrhundert bietet regionale Kost und ist ein heimeliger Ort. Geöffnet von Anfang Juni bis Ende September.
refuge-napoleon-col-izoard.fr

Leckere Speisen in rustikalem Ambiente bietet das **La Tinto** in Barcelonnette (GPS 44.387444, 6.653306). Die Lage am Zugang zum Place Manuel bietet sich vor allem an, wenn man um die Ecke im Grand Hotel abgestiegen ist.
restaurant-tinto.fr

Aufs Dach der Alpen

Viele sind verwundert, dass der Cime de la Bonette, oft als höchster asphaltierter Alpenpass bezeichnet, nicht zur Route des Grandes Alpes gehört. Dafür zu diesem Abstecher ...

Es gibt gleich mehrere gute Gründe, warum der Cime de la Bonette nicht der höchste asphaltierte Pass in den Alpen sein kann. Zunächst einmal ist es kein Pass, sondern nur der Hochpunkt einer Schleife um den gleichnamigen Gipfel. Dann ist der eigentliche Pass, der Col de la Bonette, gerade mal auf 2715 Metern gelegen, was ihn in der Rangliste auf Platz vier abrutschen lässt. Der Col d'Agnel (2744 m), das Stilfser Joch (2757 m) und vor allem der Col de l'Isèran mit seinen 2770 Metern belegen das Treppchen.

Großartiger Zielpunkt

Es gibt aber mindestens so viele gute Gründe, ihn auch bei einer Reise auf der Route des Grandes Alpes nicht links liegen zu lassen. Selbst wenn er nicht an der Originalroute liegt, so ist er doch ein großartiger Zielpunkt. Und damit natürlich wie geschaffen für eine Extratour.

Diese beginnt in Barcelonnette und schlängelt sich zunächst zurück durch das Ubayetal bis nach Jausiers. Der Abzweig von der D 900 auf die C 4 ist mit dem ebenfalls gebräuchlichen Doppelpass-Namen „Col de la Bonette Restefond" ausgeschildert. Außerdem ist vermerkt, dass es von hier aus nur noch 143 Kilometer bis nach Nizza (Nice) sind, mithin bis an die Côte d'Azur.

Die höchste Europas?

Eine elektronische Anzeigentafel gibt Auskunft über den Zustand auf dem nur zwischen Juni und Oktober befahrbaren Weg. Temporäre Sperrungen wegen der Wetterlage können hier durchaus auch im Sommer vorkommen. Also bitte beachten. Ein anderes Schild weist die Strecke als „Route de la Bonette – die höchste Europas" aus. Auch das ist zwar nicht richtig, aber wenn interessiert das schon, wenn man drauf und dran ist, die 2800-Meter-Marke zu knacken!

Die Straße schraubt sich recht unspektakulär in die Höhe. Immer mal wieder sind ein paar Serpentinen eingestreut, ansonsten geht es oft einfach nur bergan. Da auch diese

FRANKREICH • ALPES-MARITIMES
GPS 44.333744, 6.865615

Im 19. Jahrhundert entstanden die einsamen Soldatenunterkünfte an der Südrampe des Col de la Bonette.

Viele der Bergdörfer haben ihre schmucken Ecken.

Strecke bereits mehrfach Teil der Tour de France war, ist der Asphalt in zumeist sehr gutem Zustand.

Auf genau 2000 Metern Höhe hat sich die Gebirgshütte „Halte 2000“ mit großer Terrasse als Zwischenstopp etabliert. Die deftige, schmackhafte Alpenküche lockt hier schon früh zu einer längeren Pause.

Die Szenerie verändert sich zusehends, das Hochgebirge mit seiner kargen Landschaft ist erreicht. Es gibt nur noch Deckgras, ansonsten kaum noch Bewuchs in diesen Höhen. Kaum auszudenken, dass ein solches Gebiet einst Schauplatz kriegerischer Auseinandersetzungen war. Doch genau davon zeugen die ehemaligen Kasernen auf dem Weg zum ersten Pass der Strecke, dem Col de Restefond.

Ein gefälschter Pass

Obwohl, das stimmt so auch nicht. Wie bei vielen anderen Angaben, sorgt die Strecke auch hier für Verwirrung. Der 2656 Meter hoch gelegene Punkt ist nunmehr als „Faux Col de Restefond“ bekannt, als falscher Restefondpass. Der historisch korrekte Punkt liegt auf 2680 Metern – und abseits der heutigen Straße.

Wie auch immer, von hier aus ist bereits der Cime de la Bonette zu erkennen. Auch die um ihn her-

AUTOREN-TIPP

Die Route de Bonette verläuft in weiten Teilen durch den Nationalpark Mercantour, der die umgebende Landschaft mit einem halben Dutzend 3000er-Gipfeln schützt. Die **Maison du Parc du Mercantour Tinée** in Saint-Étienne-de-Tinée bietet einen Einblick in Geschichte und Besonderheiten des erst 1979 entstandenen Nationalparks. Dieser ist in zwei Zonen gegliedert, wobei die innere einen strengen Naturschutz vorsieht.

mercantour-parcnational.fr
GPS 44.257948, 6.924034

umführende Ringsstraße zeichnet sich bereits ab. In sie biegt man an der Passhöhe ein. Die höchste Stelle ist nicht zu übersehen. Ein markanter Monolith wurde hier aufgestellt und mit einer Gedenktafel versehen. Was aber noch mehr begeistert, ist das unvergleichliche Panorama, das sich dem Betrachter hier bietet. Die Alpen liegen einem sprichwörtlich zu Füßen.

Von nun an geht's bergab. Und zwar auf der D 64. Der Col de Raspaillon wird überquert, die 26 Ruinen des Militärcamps Camp des Fourches eignen sich als schauriges Fotomotiv. Bald ist auch die Baumgrenze erreicht und mit ihr die Tinée, die zu Füßen des Col de la Bonette entspringt und von nun an Begleiter der Straße sein wird. Etwas später zweigt noch ein Stich ab, der weitgehend asphaltiert über Saint-Dalmas-le-Selvage zum Col de la Moutière führt. Dort geht es allerdings nicht weiter, die Verbindung hinauf zum Col de Restefond ist gesperrt, der Schotterpfad hinüber

Wildes Camping wurde im Mercantour einst geduldet.

Wer auf den Gipfel des Bonette wandert, genießt diesen Rundumblick über die Seealpen.

1200 Meter lang ist die Mauer des Forte Albertino.

zum Col de la Cayolle niemandem zu empfehlen. Dann lieber weiter talwärts rollen.

Über Saint-Étienne-de-Tinée ist Isola bald erreicht. Hier wird Anlauf genommen, zunächst in den wenig ansehnlichen Wintersportort Isola 2000 und von dort weiter zum Col de la Lombarde, der auf 2350 Metern Höhe nach Italien hineinführt. Die ruhige Straße befindet sich teilweise in schlechtem Zustand, für die Behebung der Winterschäden wird sich meist recht viel Zeit gelassen. Eine alte, tiefer verlaufende Schottertrasse und eigentlich ein netter Endurospaß ist für jeglichen Verkehr gesperrt.

Auf italienischer Seite lohnt nun ein Abstecher vorbei am Wallfahrtsort Sant'Anna di Vinadio bis zum Ende des Asphalts. Vom Parkplatz aus gibt es einen tollen Blick auf die Passstraße. Wer eine kleine Wanderung nicht scheut, findet ohne allzu große Anstrengung ein paar Bergseen in der näheren Umgebung.

Kurz vor Vinadio ist die SS 21 erreicht, am Ufer des Fiume Stura di Demonte. Der beschauliche Ort gibt sich charmant einladend und hat mit dem Forte Albertino di Vinadio ein ansehnliches Festungsbauwerk als sehenswerte Attraktion zu bieten. Außerdem findet sich hier sicher die ein oder andere Trattoria für einen kleinen Snack.

Namens-Irritationen

Zu Beginn der Weiterfahrt sollte man sich nicht irritieren lassen. Die Straße ist als Zufahrt zum Colle della Maddalena benannt, der auf französischer Seite allerdings als Col de Larche bekannt ist. Die Passhöhe, die am Schluss in wilden Schwüngen erreicht wird, ziert noch der malerische Lago della Maddalena.

Mit der Rückkehr nach Frankreich ist es denn auch schon die D 900, die den weiteren Weg weist. Und zwar bis zurück nach Barcelonnette. ◄

175 km
5 h
1 T

ROADBOOK

Barcelonnette, Jausiers, Cime de la Bonette, Saint-Étienne-de-Tinée, Isola, Isola 2000, Vinadio, Pontebernardo, Argentera, Meyronnes, Jausiers, Barcelonnette.

INFORMATION

ete.auron.com

SCHAUEN

Im Gegensatz zu den anderen Abstechern ist diese letzte Extra-Runde sehr von den enthaltenen Pässen geprägt. Sie sind der rote Faden dieser Tagestour:
Faux Col de Restefond (2656 m)
Col de la Bonette (2715 m)
Col de Raspaillon (2513 m)
Col de la Lombarde (2350 m)
Col de Larche /
Colle della Maddalena (1991 m)
Und natürlich die Ringstraße um den **Cime de la Bonette (2802 m)**.

Forte Albertino in Vinadio (GPS 44.307345, 7.173015) gilt als Meisterwerk militärischer Baukunst.
fortedivinadio.com

SCHLEMMEN

In der urigen Berghütte **Halte 2000** (GPS 44.368109, 6.785897) an der Route zum Col de la Bonette lodert der Kamin, dort wie auch auf der sonnigen Terrasse lassen sich herzhafte alpine Spezialitäten genießen. Wer hier nicht hält, hat keinen Hunger ...

Eine Imbissbude nur mit regionalen Produkten? Zumindest in Frankreich ist es so etwas durchaus öfter anzutreffen. So auch am Col de la Lombarde, wo der **Snack l'Isolien** (GPS 44.202614, 7.150104) auf 2350 Metern und direkt an der Grenze zu Italien klassische Sandwiches, Salate und Getränke zur Stärkung der Reisenden anbietet.

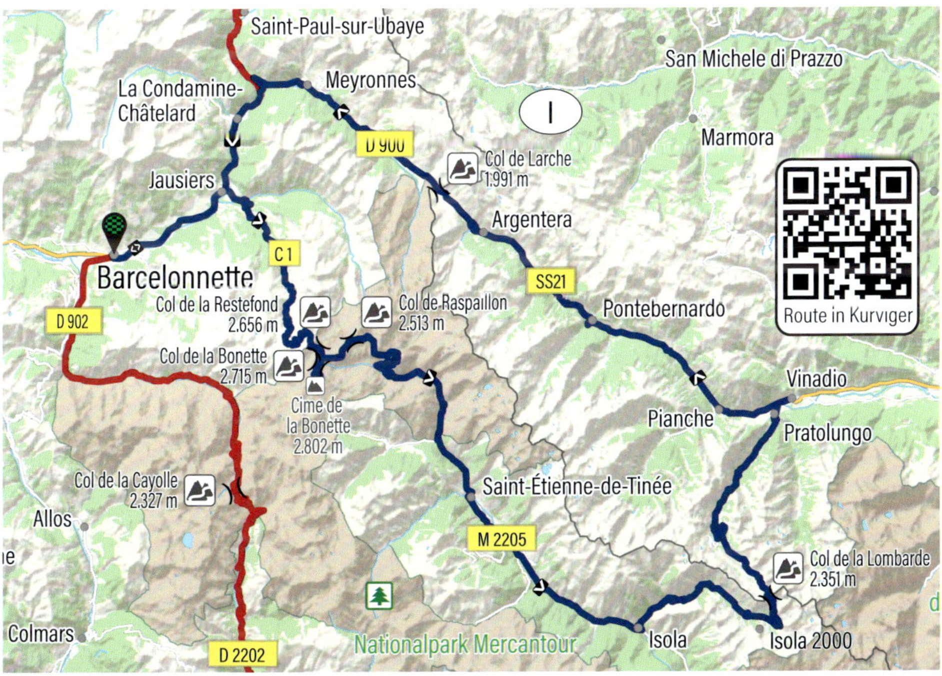

Kurvenorgie ans Meer

Der letzte Teil der Route des Grandes Alpes führt reich an schwungvollen Strecken durch die französischen Seealpen bis ans Mittelmeer – und bietet dabei mancherlei Verlockung, den Pfad der RDGA zu verlassen.

FRANKREICH • ALPES MARITIMES
GPS 43.956054, 7.411786

In teils extrem engen Kehren geht es vom Col de Turini hinunter ans Meer.

Die Daluis-Schlucht beeindruckt mit ihren Steilhängen.

Barcelonnette, diese alpine Perle der Hochprovence, ist ein perfektes Basislager. Es eignet sich nicht nur fürs RDGA-Stopover, sondern ist durchaus für mehrere Tage verlockend, liegt der Ort doch direkt am Zugang zu einigen der schönsten französischen Pässetouren.

Vor den Toren der Stadt lässt sich die Spur der RDGA ganz einfach wieder aufnehmen. Weithin sichtbar ausgeschildert verläuft sie hier als D 902. Zunächst durchquert die Route auf einem Abschnitt von fünf Kilometern die Gorges du Bachelard, eine enge Schlucht. Danach lässt die Zufahrt zum Col de la Cayolle viel Zeit für landschaftlichen Genuss. Nicht umsonst zählt der Pass zu den schönsten und abwechslungsreichsten der französischen Alpen. Abwechslung bietet denn auch die teilweise steile Südrampe zuhauf und fordert die ganze Aufmerksamkeit des ausgeschlafenen Bezwingers.

Einzigartige Schluchten

Bei einem Kaffeestopp in Guillaumes ist der Schwenk über die Schluchten Gorges des Daluis und Gorges du Cians eine verlockende Alternative. Der dadurch ausgelassene Abschnitt der RDGA über den Col de Valberg könnte ja in einer Extratour ab/bis Barcelonnette eingefügt sein. Die beiden Schluchten jedoch sind jede für sich so einzigartig, dass man keinesfalls auf sie verzichten sollte.

Die Strecke entlang der Daluis-Schlucht verläuft hoch über der Var. An der Pont de la Mariée, einer die Schlucht überspannende Bogenbrücke, bieten sich erste Einblicke in die Steilhänge. Besonders beeindruckend ist dabei das kontrastreiche Farbenspiel zwischen dem roten Fels und dem Grün der zumeist spärlichen Vegetation.

Spannung bezieht die Befahrung der Gorges des Daluis allerdings auch aus der Streckenführung. Mancherorts in Einbahnspuren aufgeteilt, schlängelt sie sich in Nord-Süd-Richtung durch diverse Tunnel. Die Gegenfahrbahn führt allerdings direkt an der Schlucht entlang. Da ist mancher Umweg nötig, um die besten Einblicke zu erhaschen.

Wo sich die Var ein breiteres Tal gegraben hat, liegt das Festungsstädtchen Entrevaux. Auch die Anlagen hier, die spektakulär an die die steilen Hänge gepflastert wurden, entstanden nach Plänen des Baumeisters Vauban. Selbst die sehenswerte Kathedrale wurde in die militärische Ummantelung eingebunden. Wer die Zitadelle besichtigen möchte, muss einen steilen Aufstieg in Kauf nehmen, belohnt sich aber mit grandiosen Ausblicken von dem auf einem Überhang errichteten Bauwerk aus.

AUTOREN-TIPP

Im mittelalterlichen Dorf Entrevaux gibt es das private **Musée de la Moto** zu entdecken. Auf drei Stockwerken verteilt, kann man auf engstem Raum eine umfangreiche Sammlung von Oldtimer-Motorrädern bewundern, von einer Harley Davidson von 1917 bis zu Straßenikonen der 1980er Jahre wie der Laverda, der 6-Zylinder-Benelli, der Norton und viele andere. Geöffnet nur am Wochenende, Eintritt frei.

GPS 43.950413, 6.811176

Deutlich entspannter ist da ein Besuch im örtlichen Motorradmuseum. Leider sind die Tore meist nur am Wochenende geöffnet, handelt es sich doch um eine private

Die Auffahrt zum Col de la Cayolle ist landschaftlich ein Traum – den auch Schafe gerne genießen.

In der Cians-Schlucht folgt die Straße dem Fluss.

Sammlung, dessen Besitzer zudem vor einiger Zeit verstorben ist. Aber die Nachfahren bemühen sich um Fortführung. Auf jeden Fall eignet sich Entrevaux trefflich für eine Pause auf dem Weg zum Mittelmeer.

Nur 20 Kilometer später warten mit den Gorges Inferieur und Gorges Supérieur du Cians weitere landschaftliche Schmankerl. Ein tosender Wildbach hat sich auch hier tief ins Gestein gegraben. Doch statt in luftiger Höhe folgt die Straße durch die Cians-Schlucht dem Gewässer auf Augenhöhe. Das bietet ein völlig anderes Erlebnis, als noch in der Nachbarschlucht, ist aber mit manch enger Tunneldurchfahrt verbunden.

Gut 1000 Höhenmeter überwindet der reißende Bach auf seinem rund 290 Kilometer langen „freien Fall" zum Vartal hinab. Während man versucht, dieser Steigung Herr zu werden, sind auch noch zahlreiche Engstellen zu meistern. Mancherorts ist es selbst am Tag stockfinster.

Bei Beuil, einem malerischen Bergdorf, das schon die Römer als Etappe nutzten, ist man dann wieder in der RDGA-Spur und steuert den etwas unscheinbaren Col de la Couillole an. Von hier aus ist es nur noch ein Katzensprung bis zu einer Rast im Bergdorf Roubion. Wenige Kilometer dahinter wartet – für einen kurzen Abschnitt – das Tinée-Tal.

Lange Kurvenorgie

Das Verbindungsstück zum letzten Highlight der Route des Grandes Alpes bildet eine 30 Kilometer lange Kurvenorgie zwischen Saint-Sauveur-sur-Tinée und Saint-Martin-Vésubie. Dabei geht es am bis in die Straße ragenden Fort de la Frassinéa vorbei. Der folgende Abschnitt scheint bereits zum Meer hin auszurollen, da nimmt die Strecke noch eine letzte Passlegende mit: den Col de Turini.

Wo die Rallye Monte Carlo stets ihren Höhepunkt fand, lässt es sich auch auf zwei Rädern erfrischend unterwegs sein. Nur sollte man nicht versuchen, die wahnwitzigen Geschwindigkeiten zu erreichen, die von den Profis hier nachts auf Eis und Schnee gefahren wurden – nicht einmal tagsüber auf trockenem Geläuf. Ist eh aussichtslos – und gefährlich.

Man möchte sich gar nicht ausmalen, was hier in dunklen Januarnächten los gewesen sein muss. Besonders, als Audi mit dem Ur-Quattro alles pulverisierte, was es zuvor an Bestzeiten gegeben hatte. Die Höhenflüge eines Walter Röhrl oder einer Michèle Mouton haben bis heute Bestand – auch, weil niemand mehr seither so viel Leistung ungehemmt auf vereisten Untergrund loslassen durfte.

Die Westrampe ist bergan ein absolutes Kurvenfeuerwerk.

Den Höhepunkt jeder Rallye Monte Carlo bildete die „Nacht der langen Messer“, die traditionell auf den Strecken rund um den Col de Turini stattfand. Die etwa neun Kilometer lange Straßenschleife Circuit de la découverte de l'Authion, die von der Passhöhe des Turini abzweigt, trennte meistens die Spreu vom Weizen bei diesen Rennen.

Was den Col de Turini aber auch noch so besonders macht, sind seine zahlreichen Zu- und Abfahrtsmöglichkeiten. Die Westrampe, die von

La Bollène-Vésubie markiert den Einstieg in die Westrampe des Col de Turini.

Sospel mit seiner Kathedrale lohnt einen kurzen Stopp.

der D 2265 nach La Bollène-Vésubie abzweigt, ist bergan ein absolutes Kurvenfeuerwerk mit immer wieder spektakulären Fernblicken in die Seealpen. Die Südrampe nach Sospel mit ihren gemauerten Spitzkehren wird gerne zur Abfahrt Richtung Mittelmeer genutzt – auch, weil die Route des Grandes Alpes diesen Verlauf vorgibt.

Im Umfeld des Passes kann man sich aber getrost einen ganzen Tag lang aufhalten und immer wieder neue Schmuckstücke unter den vielen kleinen Pässen entdecken, die sich hier wie für fahraktive Menschen gemacht knubbeln. Da ist es durchaus eine Überlegung wert, nach Abschluss der RDGA-Befahrung noch ein paar Tage Aufenthalt an der Côte d'Azur anzuhängen und sich der Befahrung dieser feinen Strecken zu widmen. Auch weil der Abschluss der Route des Grandes Alpes überaus beschwingt Kurs auf Menton nimmt, kommt sicher jeder gut gelaunt am Mittelmeer an. Mit Abstechern kann man es gut und gerne auf deutlich mehr als 1000 Kilometer bringen, muss aber auch ein paar Fahrtage extra einkalkulieren.

Entspanntes Basislager

Hat man also über den letzten Pass der RDGA, den kaum wahrnehmbaren Col de Castillon, schlussendlich das französische Grenzstädtchen Menton am Mittelmeer erreicht, bietet sich dieses Kleinod auch ganz gut als entspanntes Basislager für weitere Touren an. Die können in die Seealpen führen, oder auch über einen Teil der Routes du Baroque – der südfranzösischen Barockstraße – zum Col de Tende, dem legendären Schotterpass und Einstieg in die Ligurische Grenzkammstraße.

Man darf sich aber auch eine Auszeit am Strand gönnen. Menton hat davon reichlich zu bieten. Die rund um die barocke Kathedrale Saint-Michel errichtete Altstadt mit ihren pastellfarbenen Häuserfassaden lebt von ihrem italienischen Flair. Schließlich war Menton über die Jahrhunderte vielerlei Einflüssen von beiderseits der französisch-italienischen Grenze ausgesetzt.

Zahlreiche Gärten und Parks mit zum Teil seltenen subtropischen Pflanzen zeugen vom günstigen Mikroklima, das hier herrscht und den Ort zum wärmsten an der Côte d'Azur macht. Sehenswert ist auch die Promenade du Soleil, die Uferpromenade in Menton, die weniger touristisch geprägt ist, als etwa die Pendants in Nizza oder Cannes.

Und der Anblick des schmucken Mittelmeer-Städtchens (S.118/119) lässt sich am besten am frühen Abend bei einem Aperitif in einer der Strandbars im Vorort Garavan genießen, während man noch einmal die Pässe, Schluchten, Gipfel, Kehren und Kurven der Route des Grandes Alpes Revue passieren lässt … ◄

AUTOREN-TIPP

Wer kurz vor Schluss der Tour einen feinen 360-Grad-Rundblick über die Seealpen genießen möchte., der fährt am Col de Turini auf den als D 68 in Einbahn geführten Rundkurs **Circuit de la découverte de l'Authion**. Für die insgesamt 18 Kilometer ist mit kurzem Fußweg zum **Aussichtspunkt La Redoute**, einem Überbleibsel aus dem Zweiten Weltkrieg, etwa eine Stunde extra einzuplanen.

GPS 44.001069, 7.433063

Die Zielankunft in Menton verspricht erholsame Tage bei Sonne, Strand und Meer.

La Condamine-Châtelard
Meyronnes
San Michele di Prazzo
I
Marmora
Dronero
D 900
Jausiers
Pradleves
Argentera
C 1
Barcelonnette
SS21
D 902
Pontebernardo
Borgo San Dalmazzo
Cime de la Bonette 2.802 m
Vinadio
Pianche
Pratolungo
Col de la Cayolle 2.327 m
Saint-Étienne-de-Tinée
Valdieri
M 2205
Verna
Parco Naturale delle Alpi Marittime
D 2202
Nationalpark Mercantour
Isola
Isola 2000
Saint-Martin-d'Entraunes
Beauvezer
I
Péone
Col de la Couillole 2.327 m
Beuil
Col Saint-Martin 1.560 m
Roubion
Saint-Sauveur-sur-Tinée
Guillaumes
D 28
Saint-Martin-Vésubie
F
D 30
La Bolline
Col de Valberg 1.672 m
M 2565
Daluis
Gorges de Daluis
Gorges du Cians
Roquebillière
Le Fugeret
D 2202
Clans
La Bollène-Vésubie
Lantosque
Annot
D 28
Puget-Théniers
Col de Turini 1.607 m
Entrevaux
D 6202
Touët-sur-Var
La Tour
Ubraye
M 6102
Utelle
D 2566
Lucéram
Sospel
Sigale
Roquestéron
Soleilhas
Briançonnet
Bonson
Col de Castillon 706 m
Gilette
Levens
L'Escarène
Saint-Martin-du-Var
D 2204
Carros
Menton
Route in Kurviger
Escragnolles
Vence
Monaco
Nizza
Tourrettes-sur-Loup
D 111
M 336
Saint-Césaire-sur-Siagne
Grasse
D 2085
Cagnes-sur-Mer
Mittelmeer
Mouans-Sartoux
0
5
10
15

210 km
4,5 h
1 – 2 T

ROADBOOK

Barcelonnette, Saint-Martin-d'Entraunes, Guillaumes -> Daluis -> Entreveaux -> Beuil, Roubion, Saint-Sauveur-sur-Tinée, Saint-Martin-Vésubie, Roquebillière, La Bollène-Vésubie, Sospel, Castillon, Menton.

CHARAKTERISTIK

Das finale Etappe der Route des Grandes Alpes hat auf ihren knapp 210 Kilometern zwar nicht die höchsten, aber mit sechs die meisten Pässe aller Abschnitte zu bieten:

Col de la Cayolle (2 327 m)
Col de Valberg (1672 m)
Col de la Couillole (1678 m)
Col Saint-Martin (1500 m)
Col de Turini (1607 m)
Col de Castillon (706 m).

INFORMATION

Die Region zwischen Hochalpen und Mittelmeer ist vielfältig, die deutschsprachige Webseite spiegelt das wider:

provence-alpes-cotedazur.com

SCHAUEN

Wer Kunst zu schätzen weiß, muss in **Castillon** (GPS 43.833848, 7.472255) Halt machen. Dort kann man Ateliers der residierenden Künstler besuchen.

Das **Musée Jean Cocteau** (GPS 43.774432, 7.506025) in Menton besteht seit 2011 aus zwei separaten Gebäuden. Ursprünglich nur in der historischen Bastion am Hafen untergebracht, entstand für die umfangreiche Sammlung und weitere Ausstellungen moderner Kunst zusätzlich ein auch architektonisch spannender Neubau.

museecocteaumenton.fr

Nur wenige Schritte vom Museum Cocteau entfernt befindet sich eine im Boden eingelassene Tafel am Eingang zum Parc Plage de Fossan. Sie markiert den südlichen **Nullpunkt der Route des Grandes Alpes** (GPS 43.774395, 7.507027).

SCHLAFEN

Was könnte passender sein, als am Ende einer Tour, auf der man den Spuren des Herrschers bereits begegnet ist, auch noch im **Hôtel Napoléon** in Menton (GPS 43.782678, 7.512215) zu übernachten? Beste Strandlage mit Blick auf die Altstadt, 44 Zimmer bestückt mit künstlerischen Motiven von Jean Cocteau.

napoleon-menton.com

Zentral gelegen ist das **Hotel Méditerranée** in Menton (GPS 43.775274, 7.501319). 3-Sterne-Hotel mit Rooftop, Panoramablick, Restaurant, Bar und Privatparkplatz. In unmittelbarer Nähe zur Altstadt und nur wenige Meter zum Strand.

hotel-med-menton.com

Neben den üblichen Zelt- und Wohnmobilplätzen bietet **Camping le Parc Saint Michel** über den Dächern von Menton (GPS 43.779833, 7.497528) auch noch kuschelige Blockhütten und weitere fest errichtete Unterkünfte zur Miete. **campingscotedazur.com**

SCHLEMMEN

Auf dieser letzten Etappe ist es wirklich nicht leicht, einen guten Mittagsstopp zu finden. Eine Ausnahme bildet das **Le Central** in Guillaumes (GPS 44.089965, 6.853427). An sonnigen Tagen lockt die Terrasse zum Genuss regionaler Speisen.

Im **Auberge du Moulin** in Roubion (GPS 44.093204, 7.051381) zaubern die Betreiber lokale Spezialitäten, darunter auch saisonales Wild, auf den Tisch. Im angrenzenden Geschäft kann man sich zudem mit etlichen Leckereien eindecken.

auberge-du-moulin-roubion.fr

Ein Sunset-Dinner zum Finale? Dann aber am Strand von Garavan im **Da Mitchou** (GPS 43.780875, 7.509308) mit seinen mediterranen Köstlichkeiten, vor allem aus dem Meer. **da-mitchou-restaurant-plage-menton.com**

Die vom bekannten Baumeister Vauban errichtete Festung von Briançon ist Weltkulturerbe.

Alpine Festung

Briançon, eine von Europas höchstgelegenen Festungsstädten, schlummert umgeben von prächtigen Dreitausendern.

Die Alpen sind nicht gerade arm an strategisch günstigen Lagen. Doch Briançon, der französischen Hochalpenstadt, in der sich die Wege aus Gap, Grenoble und Turin kreuzen, kam schon von jeher eine besondere Rolle zu. Kaum irgendwo sonst konnten die wichtigen Handelswege, zunächst zwischen Savoien und der Dauphine, später zwischen Frankreich und Italien, so dominierend kontrolliert werden wie auf den Felsen über der reißenden Durance.

Schon Kelten und Römer ließen sich hier nieder. Aus dieser Zeit stammt auch die Namensgebung, angelehnt an die Brigiani, einen der keltischen Volksstämme, die in den Alpen siedelten. Doch erst das Mittelalter brachte Briançon seine Blütezeit. Unter den Fürsten der Dauphine erhielt der Ort weitgehende Autonomie und konnte sich als Handels- und Kulturzentrum etablieren.

Zu Anfang und noch einmal am Ende des 17. Jahrhunderts fiel die Stadt großen Feuersbrünsten fast vollständig zum Opfer. Der anschließend initiierte Wiederaufbau ließ wehrhafte Festungen rund um den

Ort entstehen. Der französische Baumeister Vauban wurde mit dem Wiederaufbau beauftragt. Etliche seiner Frankreich bis heute prägenden Festungsanlagen sind von der UNESCO als Welterbe deklariert worden – so 2008 auch Briançon.

Gewagte Konstruktion

Vier gewaltige Forts, die mächtige Stadtmauer, ein Signalturm und eine gewagte Brückenkonstruktion über der Durance entstanden nach Vorlagen des 1707 verstorbenen Meisters. Am besten erhalten ist bis heute das Fort des Salettes, das der Überwachung der Straße nach Turin diente. Für die Pont d'Asfeld, die Verbindung von Fort und Stadt, hatte sich Vauban eine Zwei-Bogen-Konstruktion vorgestellt. Da der Bau aber erst mehr als 20 Jahre nach seinem Tod begann, entschieden seine Nachfolger sich für eine gewagte Ein-Bogen-Brücke mit 40 Metern Spannweite – 55 Meter über der Durance. Beide Anlagen sind auf jeden Fall einen Besuch wert.

Auch die Stadt selbst hat Besuchern reichlich zu bieten. In Unterstadt (Quartier Sainte Catherine) und Oberstadt (Cité Vauban) aufgeteilt, enthält vor allem letztere interessante Bauwerke, angenehme Unterkünfte und zahlreiche Restaurants, die regionale Spezialitäten kredenzen. Die alles überragende Stiftskirche mit ihren zwei markanten Türmen aus dem 18. Jahrhundert ist dabei Pflicht, ebenso die L'Eglise des Cordeliers, in der sich Fresken aus dem 14. und 15. Jahrhundert befinden.

Eine Besonderheit Briançons sind ganz sicher die Gargouilles: Nach den Feuersbrünsten wurden zwei offen auf den Straßen verlaufende Wasserkanäle angelegt, die zukünftige Brände besser eindämmen sollten. Entlang dieser „Adern" spielt sich bis heute das bunte tägliche Leben ab.

300 Sonnentage im Jahr

Doch der alpine Höhenluftkurort weiß noch mit ganz anderen Werten zu reizen. 300 Sonnentage im Jahr setzen Briançon dank eines einzigartigen Mikroklimas auf eine Stufe mit der weit südlicher gelegenen Côte d'Azur und sind sicher ausschlaggebend dafür, dass im Ortszentrum Dutzende Sonnenuhren ihren Dienst versehen. Fünf Täler und ihre Flüsse, die unmittelbare Nähe zum Nationalpark Ecrins und dem Naturreservat des Queyras sowie eine von Gletschern geprägte Gebirgslandschaft machen die Umgebung von Briançon zudem ganzjährig zu einem alpinen Ensemble erster Güte. ◄

---

ville-briancon.fr

FRANKREICH • BARCELONNETTE
GPS 44.387470, 6.653625

Rund um den Place Manuel in Barcelonnette finden sich zahlreiche Restaurants und Bars.

Eviva Barcelonnette

Der kleine, betriebsame Ort inmitten prachtvoller Alpenpässe kann auf eine ereignisreiche Geschichte zurückblicken.

Noch im 18. Jahrhundert war es eine arme Gegend, das Ubaye-Tal in den Alpes-de-Haute-Provence. Landwirtschaft prägte seit jeher diese Region. Auf den saftigen Weiden entlang des mal friedlich-sanften, meist aber reißenden Flusses Ubaye grasten die Schafe, deren Wolle ihre Besitzer im Winter unter erheblichen Mühen in die Dauphine, die Provence oder ins Piemont verbrachten, um es dort für geringe Entlohnung an die zahlungskräftige Einkäuferschar einer noch jungen Textilindustrie zu bringen. Ein hartes Leben …

Es dauerte ewig, bis die Verkäufer über die verschneiten Pässe wieder zurück im Tal waren, wo sich bereits die Familien auf den kleinen Segen der Zusatzeinkünfte freuten. Irgendwann waren es einige Bewohner leid, dieses Leben der Entbehrungen und Ungewissheit. Dann zogen sie schon lieber ein letztes großes Wagnis in Betracht und machten sich auf in die Neue Welt. Sie suchten – und fanden – ihr Glück in Mexiko.

Zum Ende des 19. Jahrhunderts kehrten viele Familien zurück nach Barcelonnette. Da sie auch hier nicht auf ihren Wohlstand verzichten wollten, ließen sie prächtige Villen in mexikanischem Stil in noch prächtigeren Gartenanlagen rund um das Ortszentrum errichten. Namhafte Architekten jener Zeit gaben dem 2000-Seelen-Örtchen ein völlig neues Erscheinungsbild.

Barcelonnette ist auch heute noch ein bescheidener Ort, hat aber von den gönnerhaften Auswanderern in vielerlei Hinsicht profitiert. So ist die Villa La Sapinière nun ein Museum, dessen Ruf weiter über die höchsten Alpenpässe eilt. Neben der Geschichte der Auswanderer lassen sich hier auch Kunstwerke von Rang betrachten.

Ein buntes Treiben

Besucher sind oft überrascht von dem bunten Treiben in den Gassen des Ortes. Wochen- und Kunstmärkte wechseln sich in schöner Regelmäßigkeit ab, auf dem Place Manuel herrscht oft bis spät in die Nacht ein Trubel, wie er sonst nur aus weitaus größeren Gemeinden bekannt ist. Besonders hoch geht es bei Festivals her, etwa dem weithin bekannten Jazzfestival, das eine seltene Kombination von Schülercombos und internationalen Stars aufzubieten hat.

Hübsche Hotels und warmherzige private Gastgeber machen einen Aufenthalt zum Genuss, ebenso die Auswahl an Restaurants und Geschäften. Kleine Galerien präsentieren sehenswerte lokale Künstler, das Ubaye-Tal eignet sich prächtig für Outdoor-Aktivitäten jeglicher Art.

Auf dem Fluss raften Kids mit Profis um die Wette, Wassersport ist zudem am Lac de Serre-Ponçon angesagt. An den Ufern stehen Adventure-Parks und Klettergärten, die Berge laden zum Wandern und Steigen ein – und im Winter streben Skifahrer und Snowboarder an die Lifte der umliegenden Berge.

Alpenpässe vor der Türe

Ein besonders günstiger Standort für RDGA-Reisende ist Barcelonnette. Einige der schönsten Alpenpässe liegen vor der Haustüre: Col d'Allos, Col de la Cayolle, Col des Champs, Col du Vars oder auch der Col de la Bonette/Restefond. Rundtouren können bis zum Nationalpark Mercantour und den prächtigen Schluchten südlich davon führen. Dennoch ist man abends – gerne – wieder zurück in Barcelonnette, einer kleinen Gemeinde mit einer großen Geschichte. ◄

---

ubaye.com

FRANKREICH • MENTON
GPS 43.776402, 7.508309

Bunte Dächer, bunte Häuser, buntes Treiben: Menton lockt mit seinem mediterranen Charme.

Maritimes Kleinod

Der kleine Ort am Mittelmeer unweit der italienischen Grenze ist mehr als nur das zufällige Ziel der RDGA.

Als Grenzstadt blickt Menton, das südliche Ziel der Route des Grandes Alpes, auf eine wechselhafte Geschichte zurück. Ursprünglich eine italienische Siedlung, fiel es im Mittelalter bereits an das monegassische Fürstenhaus. Das ging bis 1848 gut, dann erhoben sich die Einwohner aus Protest gegen die Besteuerung. Napoléon III nutzte die Gelegenheit und kaufte Menton den Monegassen ab.

Im Zweiten Weltkrieg rissen sich die Italiener Menton schnell wieder unter den Nagel. Doch nur bis zur Kapitulation Italiens 1943. Dann zogen die Deutschen ein und gaben den Ort erst nach heftigen Kämpfen 1944 auf. Die schmucke Altstadt lag in Schutt und Asche, wovon Menton sich spät, erst in den 1960er Jahren, erholt hatte.

Heute zeigt sich der Ortskern wunderbar restauriert und verweist architektonisch auf den italienischen Einfluss, der eigentlich nie zu Ende ging. Mit dem Wegfall der Grenzen innerhalb der Kern-EU nutzen zahlreiche wohlhabende Italiener den Ort auch wieder als Hauptwohnsitz. So schließt sich der Kreis …

Mit seinen knapp 30 000 Einwohnern und einer malerischen Bucht, die von feinen Stränden gesäumt wird, ist Menton so etwas wie ein Klein-Nizza. Touristisch hat der Ort ebenfalls vom Aufschwung der gesamten Côte d'Azur als Erholungsziel für reiche Briten und Russen profitiert, die zum Ende des 19. Jahrhunderts scharenweise hier einfielen. Davon zeugen bis heute Bauwerke der Belle Epoque oder die orthodoxe russische Kirche von 1892. Sie vermischen sich zusammen mit dem barocken Erbe Mentons zu einem sehenswerten mediterranen Ensemble.

Menton sieht sich auch als Stadt der Künste. Darauf weist nicht zuletzt das bemerkenswerte Cocteau-Museum hin, das der französische Schriftsteller und Maler noch zu Lebzeiten selbst entwarf.

Wer nach einer Reise über die Route des Grandes Alpes ein paar Tag Erholung sucht, ist in Menton gut aufgehoben. Hotellerie und Gastronomie lassen kaum Wünsche offen. Die Strände sind einladend und nicht so überlaufen, wie andernorts an der „blauen Küste". Und mit den umliegenden Seealpen gibt es einen tollen Spielplatz für weitere Touren.

Sauer macht lustig

Was andernorts der Karneval, das ist in Menton das Fest der Zitrusfrüchte. Seit 1934 feiert Menton alljährlich im Februar zwei Wochen lang die Fête du Citron. Ein findiger Hotelier hatte einst beschlossen, dem landwirtschaftlichen Haupterzeugnis des Umlands ein Fest auszurichten - und so Gäste für sein Haus anzulocken. Der große Erfolg brachte die Stadtväter dazu, den regulären Karneval zugunsten des neuen Fests aufzugeben. Heute ist die Fête du Citron das zweitwichtigste Ereignis an der Côte d'Azur – nach dem Karneval in Nizza, aber noch vor der Formel 1 in Monaco! ◂

menton-riviera-merveilles.de

Die Fête du Citron in Menton ist eines der wichtigsten Ereignisse an der Côte d'Azur.

Die Route Napoléon bezeichnet die Strecke, über die der große Imperator vom Mittelmeer aus in Richtung Paris marschierte, um die Macht zurückzuerobern.

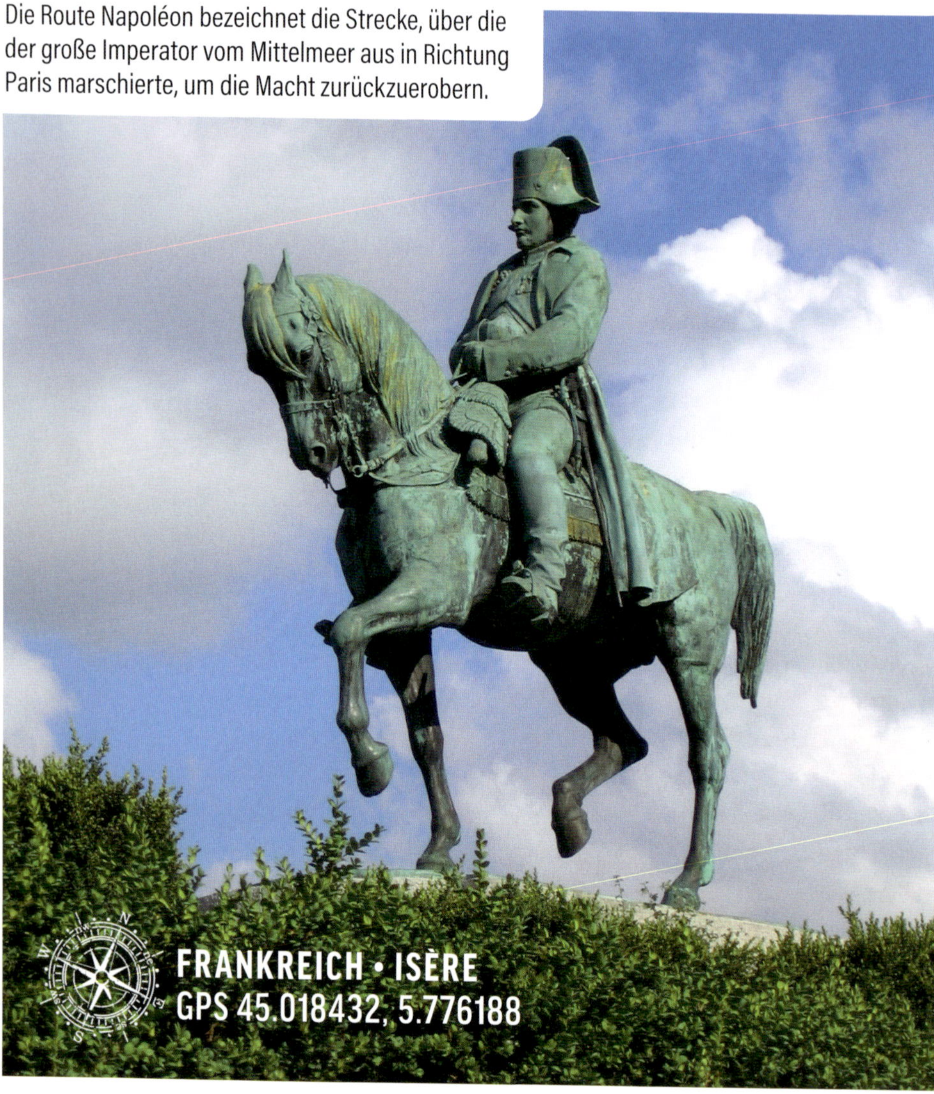

Auf Napoléons Spuren

Für die Rückreise am Ende der RDGA bieten sich zahlreiche Wege an. Unser Tipp verbindet historisch Sehenswertes mit zahlreichen Höhepunkten Frankreichs, die noch nicht so übermäßig bekannt sind.

Sieben Tage benötigte der Namensgeber der beliebten und touristisch bestens ausgebauten Route Napoléon, die auf Straßenkarten als RN 85 gekennzeichnet ist, um die 335 Kilometer von Golfe-Juan an der Côte d'Azur bis zur Hochgebirgsstadt Grenoble zu gelangen. Napoléon Bonaparte, der legendäre französische Staatsmann, General, Kaiser und zuletzt Geächteten, marschierte gemeinsam mit einigen Gefolgsleuten zu Fuß vom Mittelmeer über die Alpen.

AUTOREN-TIPP

Für diverse französische Großstädte und einige spezielle Gebiete, darunter auch Grenoble und Nizza, ist bei einem Besuch mit Fahrzeug die **Umweltplakette Crit'Air** notwendig. Sie richtet sich nach der Schadstoffklasse, ist nur online bestellbar und kostet beim französischen Umweltministerium aktuell 4,91 Euro inklusive Versand.

certificat-air.gouv.fr

Roter Faden Napoléon

Wir machen es ihm über 200 Jahre später nach; allerdings deutlich schneller – weil motorisiert – und mit der Maßgabe, die Route Napoléon als eine Art roten Faden für die Heimreise durch die beiden Regionen Provence Alpes-Côte d'Azur und Rhônes-Alpes zu nutzen. Natürlich könnte man die Strecke problemlos innerhalb eines einzigen Tages abfahren. Dies wäre allerdings ob der vielen interessanten Eindrücke und dem einen oder anderen Abstecher doch gar zu schade. Napoléons Weg nachzueilen bedingt daher einer gewissen Langsamkeit.

Golfe-Juan, ein südfranzösisches Hafenörtchen in der Nähe von Antibes war am 1. März 1815 der Ausgangspunkt Napoléons und seiner Mannen. Seine Motivation: Er wollte die Macht im Staate wiedererlangen. Den Plan zur Rückeroberung der Krone schmiedete er während seines Exils auf Elba, wohin er ein Jahr zuvor nach seiner erzwungenen Abdankung hin verbannt wurde. In

Des Kaisers Spuren sind noch heute zu finden ...

In den Gassen von Grasse, der Stadt des Parfüms.

einer spektakulären Aktion gelang es ihm schließlich, die Soldaten, die ihn dort hätten überwachen sollen, auf seine Seite zu ziehen. Gemeinsam mit ihnen flüchtete er von der italienischen Insel zurück aufs französische Festland.

Triumph des Imperators

Seine Wiederkehr geriet zu einem Triumphzug. Auf dem Plateau de Roquevignon kurz vor Grasse wurde der Imperator erstmals begeistert gefeiert. Uns interessieren eher die inneren Werte des Ortes. Die Kathedrale Notre Dame du Puy und die Altstadt um sie herum sorgen mit ihren kleinen Gassen, dunklen Fassaden und idyllischen Hinterhöfen dafür, dass man sich fühlt, als sei man per Zeitmaschine geradewegs zurück ins Mittelalter gereist.

Stadt des Parfüms

Natürlich sollte man die Stadt nicht verlassen, ohne zumindest eine der Parfümfabriken, die ihr Wohlstand und Berühmtheit verschafft haben, zu besichtigen. Galimard, Molinard, Fleuron de Grasse, Guy Bouchara und schließlich Fragonard sind die berühmtesten.

Die Route Napoléon verläuft durch Frankreichs Süden als Nationalstraße 85. Gut ausgebaut, hält sie dennoch einige Leckerbissen bereit. Als solcher darf der Abschnitte über Castellane und Barrême nach Digne-les-Bains gelten. Vier Pässe, eine sehenswerte Landschaft und Kurven zuhauf zeichnen dieses Teilstück aus. Wer die Zeit erübrigen kann, gönnt sich von Castellane aus noch einen Abstecher an Europas Grand Canyon, die Gorges du Verdon, am besten auf der mit grandiosen Aussichten gespickten Route des Crêtes.

Den mittleren Abschnitt der Strecke hingegen kann man sich

sparen. Von Digne verläuft die RN 85 weitgehend parallel zu einer wenig schmucken Autobahn nach Sisteron und weiter nach Gap. Als Etappenziel ist diese Alpenstadt deutlich besser auf einem Abstecher zu erreichen, der auf der D 900 östlich um die Gebirgskette Massif des Monges herumleitet. Der 1240 Meter hohe Col du Labouret wie auch der 1346 Meter aufragende Col de Maure werden dabei überwunden.

Damals wie heute stellt sich Reisenden der Col Bayard in den Weg.

Noch besser wird es ab Selonnet, wenn die D 900 C zur Weiterfahrt ausgewählt wird. Als Route des Gorges de la Blanche führt sie auf brüchigem Asphalt durch die Schlucht des kleinen Gebirgsbachs, dem man gar nicht so viel zerstörerische Kraft zutraut, wie er hier über die Jahrtausende an den Tag gelegt hat. So haben sich unwirklich erscheinende Felsformationen gebildet, die einen bis ins Tal der Durance begleiten.

Im Osten liegt der aufgestaute Lac de Serre-Ponçon, nordwestlich davon empfängt einen Gap als Etappenziel, bevor es dann wieder auf Napoléons Spuren auf den finalen Ritt geht.

Damals wie heute stellt sich Reisenden der 1246 Meter hohe Col Bayard in den Weg. In seiner Umgebung locken weitere unbekannte

Das Schloss von Vizille beherbergt das Museum zur Französischen Revolution.

Eine futuristische Seilbahn verläuft vom Zentrum Grenobles hinauf zur Bastille.

Abstecher, doch die Route Napoléon ist auf ihren letzten Kilometern erneut so lohnenswert wie schon zu Beginn. Besonders das Stück zwischen Corps und La Mure weist eine hohe Dichte an markanten Kurven auf, denen man nur zu gerne folgt.

Bevor der Endpunkt der Route Napoléon schließlich erreicht ist, empfiehlt sich ein Zwischenstopp im kleinen Örtchen Vizille. Wer mehr über die die Epoche Frankreichs erfahren möchte, die den Menschen Napoléon hervorgebracht hat, findet Antworten auf derlei Fragen im Musée de la Revolution Francaise, das im Schloss von Lesdiguières aus dem 17. Jahrhundert untergebracht ist. Natürlich lohnt ein Spaziergang in der herrschaftlich angelegten und an einigen Stellen an Versailles erinnernden Parkanlage.

Verbannt und verbittert

Zurück ins Jahr 1815: Neben der Landbevölkerung schlossen sich auch die letzten verbliebenen royalistischen Truppen dem Feldherren an, sodass er am Abend des 7. März tatsächlich rehabilitiert in Grenoble einlaufen konnte. Genutzt hat es ihm wenig. Zwar erreichte er 13 Tage später Paris und eroberte dort auch offiziell die Krone zurück. Doch die folgende Zeit ging dann als „Herrschaft der Hundert Tage" in die Geschichte ein: Nach der verlorenen Schlacht in Waterloo musste Napoléon als Kaiser endgültig abdanken.

Er wurde endgültig auf die südatlantische Insel St. Helena verbannt, wo er sechs Jahre später verbittert starb.

Heimreisende von der Route des Grandes Alpes stehen in Grenoble auch heute noch am Scheideweg. Wer es eilig hat, wird ab hier über die Autobahn A 41 in die Schweiz rauschen und von Genf aus die Heimreise zügig fortsetzen. Etwas mehr Zeit, aber bei deutlich mehr Eindrücken, kostet ein Ausflug in die Gebirgszüge Chartreuse und Bauges.

Über den Col de Vence und den immerhin noch 1326 Meter hohen Col de Porte taucht man ins Kartäuserland ein. Kurz vor Saint-Pierre-de-Chartreuse darf ein Abstecher zum Mutterhaus des katholischen Ordens nicht fehlen (siehe Kasten). Auch landschaftlich hat das bis über 2000 Meter aufragende Kalksteingebirge viel zu bieten.

Der Eingang zum Kloster La Grande Chartreuse.

AUTOREN-TIPP

1084 entstand in der Chartreuse eine erste Einsiedelei, aus der später das Mutterhaus des Kartäuserordens hervorging: **La Grand Chartreuse**. Den Alltag des Ordens kann man nicht besichtigen, wohl aber im Museum Einblicke gewinnen. Und nicht zuletzt beim Chartreuse-Likör zugreifen. Schließlich finanziert der geheimnisvolle Kräutertrank den Orden bis heute.

musee-grande-chartreuse.fr
GPS 45.350228, 5.789945

Vom 1134 Meter hohen Col du Granier geht es spektakulär hinab nach Chambéry, der Hauptstadt Savoiens. Ähnlich verläuft der Weg durch das Bauges-Massiv. Es erreicht zwar nicht ganz solche Höhen, weiß aber mit einer grandiosen Abfahrt auf der D 41 hinab nach Annecy an den gleichnamigen See zu punkten. Damit schließt sich der Kreis, war dieser Ort doch bereits zu Beginn der Reise über die Route des Grandes Alpes einen Abstecher wert. ◄

Annecy
Sallanches
Villeurbanne
Lyon
Col de Leschaux 901 m
Ugine
Aosta
Aix-les-Bains
Col de Plainpalais 1.174 m
Chambéry
Col du Granier 1.134 m
Vienne
Moûtiers
Nationalpark Vanoise
Kloster Chartreuse
Col du Cucheron 1.140 m
Col de Porte 1.326 m
F
Col de Vence 782 m
Modane
Grenoble
Vizille
Tournon-sur-Rhône
Valence
La Mure
Corps
Nationalpark Écrins
Briançon
Die
Route in Kurviger
Guillestre
Col Bayard 1.246 m
Gap
Embrun
I
Col des Garcinets 1.185 m
Valréas
Rosans
Nyons
Barcelonnette
Selonnet
Col de Maure 1.346 m
Col du Labouret 1.240 m
Nationalpark Mercantour
Orange
Sisteron
Digne-les-Bains
Carpentras
Col de L'Orme 734 m
Col des Lèques 1.148 m
Avignon
Castellane
Apt
Col de Luens 1.054 m
Manosque
Nizza
Gorges du Verdon
Grasse
Pertuis
Pas de la Faye 981 m
Aix-en-Provence
Draguignan
Golfe-Juan
0 10 20 km

340 km
(490 km)
8 h (11 h)
2 – 3 T

ROADBOOK

Golfe-Juan (Antibes), Grasse, Castellane, Digne-les-Bains, Sellonnet, Gap, Corps, La Mure, Vizille, *Grenoble* → Chambéry → Annecy.

CHARAKTERISTIK

Diese Strecke bringt noch einmal einige interessante Pässe mit sich, sowohl auf der Route Napoléon, als auch in der Chartreuse und im Massif des Bauges. Hier die wichtigsten:
Pas de la Faye (981 m)
Col du Labouret (1240 m)
Col de Maure (1346 m)
Col Bayard (1246 m)
Col de Porte (1326 m)
Col du Granier (1134 m).

INFORMATION

Der legendäre Weg des Kaisers bei seiner Rückkehr aus dem Exil hat eine eigene Webseite: **route-napoleon.com**

SCHAUEN

Gleich zu Beginn sollte man sich das **Musée International de la Parfumerie** (GPS 43.658108, 6.921682) in Grasse nicht entgehen lassen.
museesdegrasse.com

Wer einen Abstecher zum **Grand Canyon du Verdon** plant (plus 100 km), sollte dabei unbedingt im Uhrzeigersinn die D 23 **Route de Crêtes** (GPS 43.779994, 6.354364) befahren.
parcduverdon.fr

Perfekt aufgearbeitet hat Frankreich seine umstürzlerischen Tendenzen im **Musée de la Révolution française** (GPS 45.075506, 5.772221) in Vizille – eingebettet in einen sehenswerten Schlosspark.
musees.isere.fr

Mit einer modernen Seilbahn geht es in Grenoble steil hinauf zum **Fort de La Bastille** (GPS 45.198980, 5.724520). Hier bietet sich ein wunderbarer Blick bis weit ins Vercors und zur Bergkette Belledonne.
musees.isere.fr

SCHLAFEN

Wer bereits in der Umgebung von Gap eine Unterkunft sucht, findet mit dem **The Originals Boutique Hôtel Le Cap** (GPS 44.459141, 6.036382) in Tallard, südlich vor der Alpenstadt gelegen, eine gutes Angebot.
lecapresort.com

Grenoble hat an Hotels alles zu bieten, was das Herz begehrt. Eine außergewöhnliche Unterkunft findet man aber in der schick renovierten Caserne de Bonne aus dem 19. Jahrhundert, die zum **Appart-hôtel Residhome Grenoble** (GPS 45.184080, 5.726011) wurde.
myresidhome.com

Eine hübsche Unterkunft am Lac d'Annecy findet sich im **Hôtel Bonlieu** (GPS 45.075506, 5.772221). Der Weg in die Altstadt ist kurz, die Abende dort können lang werden.
hotel-bonlieu.fr

Wer lieber campen möchte findet am Südende des Lac d'Annecy auf dem Campingplatz **Le Lac Bleu** (GPS 45.791250, 6.215833) ein tolles Panorama vor. Aber nur von Ende April bis Ende September.
camping-lac-bleu.com

SCHLEMMEN

Crêpes sind das französische Fast Food. Dafür ist **La fleur de sarrasin**, direkt gegenüber vom Parfüm-Museum in Grasse (GPS 43.658226, 6.921806), eine gute Wahl.

Wer etwas Besonderes wagen möchte, macht sich von Grenoble auf den Weg zum **Restaurant Fort du Saint-Eynard** (GPS 45.234881, 5.763669). Einfache, regionale Küche – und eine grandiose Aussicht! **restaurantfortsteynard.fr**

Im überbordenden Angebot von Annecy ist traditionelle regionale Küche im **Ô Savoyard** (GPS 45.898290, 6.126877) zu finden. Am besten gleich das Menü ordern.
osavoyard.com

STÄDTE & ORTE

SCHLUCHTEN